개정판

나는 우리동네가 좋다

나는 우리동네가 좋다 개정판

발행일	2024년 12월 10일

지은이	사회적협동조합 뿌리샘		
펴낸이	손형국		
펴낸곳	(주)북랩		
편집인	선일영	편집	김은수, 배진용, 김현아, 김다빈, 김부경
디자인	이현수, 김민하, 임진형, 안유경	제작	박기성, 구성우, 이창영, 배상진
마케팅	김회란, 박진관		
출판등록	2004. 12. 1(제2012-000051호)		
주소	서울특별시 금천구 가산디지털 1로 168, 우림라이온스밸리 B동 B111호, B113~115호		
홈페이지	www.book.co.kr		
전화번호	(02)2026-5777	팩스	(02)3159-9637

ISBN	979-11-7224-420-0 03330 (종이책)	979-11-7224-421-7 05330 (전자책)

(주)북랩 성공출판의 파트너

북랩 홈페이지와 패밀리 사이트에서 다양한 출판 솔루션을 만나 보세요!

홈페이지 book.co.kr · **블로그** blog.naver.com/essaybook · **출판문의** text@book.co.kr

---

작가 연락처 문의 ▶ ask.book.co.kr

작가 연락처는 개인정보이므로 북랩에서 알려드릴 수 없습니다.

개정판

나는 우리동네가 좋다

정신장애인과 함께 만드는 행복한 우리동네 이야기

사회적협동조합 뿌리샘

이 책은 정신장애인과 함께 살아가는 우리의 따뜻한 이야기를 담고 있습니다.

함께한 삶의 이야기를 통해 서로의 다름을 이해하고

소통의 가치를 나누고자합니다.

북랩

들어가기

이 책은 정신질환과 관련한 당사자, 보호자, 활동가, 주민, 후원자, 전문가 등 다양한 분야에 계시는 분들의 '정신질환'과 관련한 경험이나 생각들을 한 곳에 모아 놓은 것이다. 따라서 이해충돌의 여지도 있을 수 있다.

그럼에도 서로의 입장을 이해하고 비장애인과 장애인들이 함께 살아가는 방법에 대한 공감대를 이루는데 조금이나마 도움이 되기를 기대하면서 출간하기로 했다.

어떤 대상에 대한 두려움은 그 대상이 어떤 것인지 자세히 모르기 때문이라는 말이 있다. 죽음이 두려운 것이 대표적일 것이다. 따라서 어떤 대상에 대해 잘 안다면 두려움도 없을 것이라는 논리가 가능하다.

우리 모두가 정신질환을 올바르게 이해하고, 함께 살아가는 지혜를 얻는 데 조금이라도 도움이 되기를 바란다.

이 자리를 빌려 어려운 가운데서도 흔쾌히 원고를 주신 모든 분들께 심심한 감사의 말씀을 드린다.

유병연

목차

7

8

"마음의 시선 : 함께 쓰는 이야기"

우리의 마음은 서로 연결되어 있습니다.

한 사람의 이야기가 다른 이에게 희망으로 전해지기 위해...

네 아저씨의 소소한 일상

교회선생님

나는 마음의 시선이 조금 바뀐 것 같다. 처음에는 돈이 좋다고 해서 내가 싫어하는 취업에도 신경을 많이 썼다. 원래는 놀기를 좋아하는데, 돈 버는 게 제일인 것 같아 온 힘을 다해 일을 했다. 차가 더 좋은 것 같고, 집이 더 좋은 것 같다. 작은 것보다 큰 것이 더 좋다는 생각이 든 것이다. 그런데 지금은 아닌 것 같다. 돈이 있으면 무엇이든 할 수 있다는 것이 아닌 것 같다는 생각이 든다. 또 몸이 크면 싸움도 더 잘하는 것을 주위에서 쉽게 볼 수 있다. 싸움을 잘해야 자기 마음대로 할 수 있는 것이다. 동물의 왕국이라는 TV 프로그램에서도 큰 것이 작은 것을 잡아먹는다. 비록 나는 큰 몸집은 아니지만, 싸움에는 자신이 있는 것 같다. 크다고 다 좋은 것은 아니라는 생각이다.

바뀐 것 그것만이 아니다. 그래서인지 나는 이룸에서 회원 이름을 이렇게 부른다. 5살 위인 민형돈 씨를 형돈이 아저씨라고 부르는 것이 그것이다. 이전에 목동 하늘샘이라는 주거시설에 있을 때도 그런 적이 있었다. '유구현' 씨를 '유구현 아저씨'라고 불렀던 것이다. 물론 혼자 살아야 하는 주거시설에 있다 보니까 그렇게 된 것 같지만, 친한 사람일수록 아저씨라는 별칭을 쓰고 싶은 나의 특이함 탓인 것 같다.

나는 이룸이라는 공동생활가정에서 생활하고 있다. 먼저 시설장님이 계시고, 아래로 회원 4명이 있다. 시설장님 이름은 말할 때와 웃을 때가 사뭇 다른 선한 표정의 김성교 씨고, 그리고 나, 이대영, 민형돈, 이주철 씨가 있다. 무표정으로 "수고하셨습니다", "그렇습니까?"라고 끝말이 다나까로 말을 하는 이대영 씨는 나와 같은 방을 쓰고 있고, 나머지 두 분은 큰 방을 쓰고 있다. 우리는 서로 사이가 좋은 것 같다. 한 번도 싸워 본 적이 없고, 그래서 다정다감한 것 같다. 나는 이룸에서 충분히 만족을 느끼는 것 같다.

우리는 다 같이 저녁에 모여서 요리를 한다. 나는 주로 재료를 가지고 요리를 하고, 민형돈 씨는 밥을 많이 지으시는 편이다. 이주철 씨는 화

장실 청소를 신경 써서 하고 계시고, 이대영 씨는 설거지를 주로 하신다. 우리는 일을 함으로써 친분을 쌓는다. 또한 시설장님도 우리에게 잘해 주신다. 나는 이 생활이 계속 이어졌으면 좋겠다. 시설장님은 여가를 즐길 수 있도록 재미난 곳에 데려다 주신다. 나는 그런 시설장님에게 감사한 마음을 느낀다. 나는 평생 이룸에서 지냈으면 좋겠다.

나는 이대영 씨랑 같은 방을 쓴다. 원래 말이 없어서 대화가 서로 없지만 그래도 배려하면서 살아가고 있다. 우리는 빨래를 한꺼번에 합쳐서 세탁기에 빨고 있다. 한 사람씩 하지 않는다. 서로의 옷들이 섞인다. 옷들이 마구 섞인다. 그래도 괜찮다. 사실 하기 귀찮아서 그랬던 것 같다. 쉐어하우스 식구들은 너무 사이 좋은 것 아니냐며 웃는다. 유쾌한 웃음이다. 세탁기를 다 돌리면 그 다음엔 빨래를 건조대에 넌다. 그것도 다 같이 힘을 모아서 하고 있다. 행복한 나의 인생이 된 것 같다. 나는 이주철 씨와도 친한 것 같다. 화장실 청소가 하기 싫은 나로서는 당연히 고마움을 느끼겠지만, 나는 이주철 씨의 고상한 성격이 더 마음에 들었던 것이다. 감사함을 느끼는 것 같다. 이룸의 일상이 평안하다.

정신장애인의 회복을 위하여...

구본민

지역사회에서 정신장애인을 위한 사회적 협동조합을 만들고 운영하는 과정에서 큰 의미를 느끼고 있습니다. 단순히 서비스를 제공하는 것이 아니라, 정신장애인들이 지역사회에서 안정된 삶을 살 수 있도록 돕고 싶었습니다. 특히 공동생활가정을 운영하면서 이들이 안전하게 살 수 있는 공간을 제공하는 것에 자부심을 느끼고 있습니다. 공동생활가정은 서로가 서로를 지지하는 따뜻한 공동체로 자리 잡았습니다.

정신장애인들이 사회에 통합되는 과정은 쉽지 않았습니다. 많은 사람들이 편견과 두려움으로 그들을 외면했지만, 저는 그들에게 편안한 공간을 제공하고자 했습니다. 공동생활가정에서는 입소 회원분들이 각

15

자의 이야기를 나누고, 정서적인 지지를 주고받을 수 있는 환경을 만들고 있습니다. 이러한 환경은 정신장애인들이 자존감을 회복하고, 사회의 일원으로서의 역할을 찾는 데 큰 도움이 됩니다. 그들은 서로의 경험을 나누며, 함께 성장하는 소중한 시간을 보내고 있습니다.

제가 추구하는 목표는 정신장애인들이 지역 주민들과 함께 어우러져 살아가는 것입니다. 이를 위해 다양한 프로그램을 운영하고, 지역사회와의 연계를 강화하고 있습니다. 주민들과 소통하여 서로를 이해하고, 함께하는 활동을 통해 편견을 줄이기 위해 노력하고 있습니다. 예를 들어, 지역 축제에 참여하거나 자원봉사 활동을 통해 이들이 지역사회에 자연스럽게 녹아들 수 있는 기회를 제공하고 있습니다. 이러한 활동들은 정신장애인들에게만 의미가 있는 것이 아니라, 지역 주민들에게도 서로의 차이를 이해하는 기회를 제공합니다.

또한, 저는 정신장애인들이 자신의 능력을 키우고 자립할 수 있도록 다양한 교육과 프로그램을 마련하고 있습니다. 이를 통해 자립을 이루고, 사회에 기여하는 존재로 성장할 수 있습니다. 이러한 노력은 개인의 삶을 변화시키는 것뿐만 아니라, 지역사회의 발전에도 긍정적인

영향을 미칩니다.

지역 주민들과의 관계를 더욱 돈독히 하기 위해 정기적으로 소통의 자리를 마련하는 것이 매우 중요하다고 생각합니다. 주민들과의 대화 모임이나 워크숍을 통해 서로의 생각과 경험을 나누며, 이해와 신뢰를 쌓고 있습니다. 이러한 과정은 서로 간의 벽을 허물고, 진정한 공동체를 만드는 데 큰 역할을 하고 있습니다. 특히, 주민들이 정신장애인들과 함께하는 활동을 통해 그들의 삶을 이해하고, 서로의 존재를 존중하는 법을 배우는 모습을 보면 큰 보람을 느낍니다.

또한, 정신장애인들이 지역사회에 기여할 수 있는 다양한 기회를 제공하기 위해, 그들의 재능과 관심사를 기반으로 한 프로그램들은 정신장애인이 단순히 수혜자에서 누군가에게 영향력을 줄 수 있는 기여자로서의 역할을 할 수 있습니다. 예를 들어, 그들이 만든 수공예품을 판매하는 작은 마켓을 열거나, 지역 사회의 행사에서 그들의 재능을 드러낼 수 있는 무대를 마련하는 것입니다. 이러한 프로그램들은 그들에게 경제적 자립의 기회를 줄 뿐만 아니라, 지역 주민들에게도 그들의 능력을 새롭게 인식하게 만드는 계기가 됩니다.

앞으로도 저는 지역사회의 일원으로서 정신장애인들이 존중받고, 안정된 생활을 할 수 있도록 계속 노력할 것입니다. 그들이 자신의 목소리를 내고, 꿈을 펼칠 수 있는 환경을 만들기 위해 최선을 다하겠습니다. 더불어, 이 과정에서 많은 사람들이 함께 참여하고 서로를 지지하는 사회가 되기를 바랍니다. 저의 작은 변화가 큰 희망이 되기를 기대하며, 앞으로의 여정을 계속해 나가겠습니다. 정신장애인들이 지역사회에서 진정한 주인공이 될 수 있도록 지속적으로 힘쓰고, 그들의 삶이 더욱 풍요로워질 수 있도록 함께 걸어가겠습니다.

이러한 여정의 끝에는, 모두가 서로를 이해하고 존중하는 사회가 있기를 바랍니다. 저의 노력과 정신장애인들의 용기가 결합되어, 이들이 지역사회의 중요한 일원으로 자리잡을 수 있도록 계속해서 함께 나아가겠습니다. 이 과정에서 마주치는 어려움과 도전은 저에게 큰 힘이 되며, 저는 이 길에서 결코 멈추지 않을 것입니다. 함께 만들어가는 더 나은 미래를 위해, 저의 여정을 계속 이어가겠습니다.

촛불처럼 환히 밝히고 싶었던 소녀

김고은

20대 초반까지 나는 누구보다도 꿈이 많고 건강에도 자신이 있었습니다. 하지만 엄마가 돌아가신 후, 내 인생은 180도 달라졌습니다. 그때를 돌이켜보면, 왜 그렇게밖에 생각하지 못했을까 하는 후회가 밀려옵니다. 엄마가 남겨두신 돈을 흥청망청 쓰면서, '나중에 다시 학교로 돌아가면 되지'라며 안일하게 생각했던 겁니다.

고시원에서 생활하던 중, 점점 밖에 나가는 것이 싫어졌고, 사람들의 시선도 버거워졌습니다. 마치 CCTV로 누군가가 나를 지켜보는 것 같은 느낌이 들었습니다. "엄마가 돌아가신 후 왜 이렇게밖에 살지 못했니?"라는 비난이 다른 사람들의 눈에서 느껴졌고, 결국 나는 고시원

밖으로 나가지 않게 되었습니다. 고시원 주인 할머니가 병원에 가보자고 하셨을 때, 나는 버럭 화를 내며 고시원을 나왔습니다.

엄마가 계신 바다로 가서 삶을 끝내려 했지만, 그마저도 쉽지 않았습니다. 결국 나는 스스로 경찰에 신고를 하고, 병원에 입원하게 되었습니다. 그곳에서 나는 비로소 내가 병을 앓고 있다는 사실을 알게 되었습니다. 그러나 인정하고 싶지 않았습니다. "왜 나에게 이런 일이 일어난 거야! 난 다른 사람들과 달라!" 속으로는 이렇게 외쳤지만, 겉으로는 그저 침묵할 수밖에 없었습니다.

입원 중에 수급 혜택을 받게 되었고, 사회복지사님의 조언으로 쉐어하우스에 들어가게 되었습니다. 잠깐 돈을 모으는 동안만 머물겠다고 스스로 위안하며 말이죠.

처음에는 부천나눔지역자활센터에 들어갔습니다. 오직 돈을 모으고 나를 치료하겠다는 생각뿐이었습니다. 나는 병원이 오진했다고 믿었고, 1차 병원에 가야 한다는 생각만 했습니다. 겉으로는 아무렇지 않

은 척했지만, 원장님은 내가 마음속으로 얼마나 힘들어하고 있는지 알고 계셨던 것 같습니다. 원장님은 "병원의 문제가 아니라 너의 마음가짐의 문제다. 너무 자학하지 말아라"라고 말씀하셨습니다. 그때는 그 말이 왜 그렇게 모질게 느껴졌는지 모르겠지만, 지금 돌이켜보면 원장님께서 나를 안타깝게 생각하셨던 것 같습니다.

이제는 나의 꿈을 찾기로 했습니다. "내가 할 수 있는 게 뭘까? 다시 학교로 돌아갈까? 하지만 돈이 너무 많이 들잖아! 어떻게 해야 하지?" 이렇게 고민하면서 계획을 세우기 시작했습니다. 사회복지사가 되기로 결심했고, 대학을 졸업하고 컴퓨터 자격증을 따기로 했습니다. 병이 있다고 스스로를 경계하지 말고, 내가 할 수 있다고 믿기로 했습니다.

하나하나 목표를 이루며 원장님과 계속 소통했습니다. 내가 너무 몰입하면 원장님께서 멈추게 해주시고, 잘못된 방향으로 가면 다시 스톱해 주셨습니다. 나는 원장님께 최대한 솔직하게 말씀드리고 의논했습니다.

드디어 사회복지사 자격증을 획득했고, 면접을 본 후 지금은 서울양천 지역자활센터에서 사회복지사로 일하고 있습니다. 사랑하는 사람을 만나 혼인신고도 했고, 내년에는 결혼식을 올릴 예정입니다.

이렇게까지 오는 데 5년이 걸렸습니다. 정말 길고도 긴 시간이었습니다.

처음에는 병을 인정하지 않으면서도, "조현병이 있는 사람은 지구력이 없대요. 기억력이 길지 않대요"라고 회피했습니다. 나는 스스로를 자학하며 앞으로 나아가려고 했습니다. "나는 할 수 있어!"라고 외치며 떵떵거렸지만, 속으로는 계속해서 질문을 던졌습니다. "무엇을 위해서 이렇게 열심히 해야 하는 걸까? 누구에게 보여주기 위한 인생을 사는 걸까?"

그러면서 쉐어하우스 식구들을 만나고, '배려'라는 단어를 배웠습니다. 나는 혼자 사는 인생이 아니라, 함께 사는 인생을 알아가게 되었습니다.

병이 있다고 병 속에 숨는 것도 잘못이지만, 병이 있다고 세상에 나서지 않는 것도 아니라고 생각합니다. 각자 할 수 있는 세상에서 살아갈

수 있는 일이 있으며, 그것을 찾아 만족감을 느끼며 살아가는 것이 가장 큰 치료라고 믿습니다. 내가 하는 일이 작다고 다른 사람과 비교하지 않고, 나의 자리를 세상에 그리며 살아가는 것, 그것이 나에게 가장 큰 치료였고, 나는 여전히 나의 세상을 환하게 비추는 촛불입니다.

쉐어하우스에 산다.

김다희

내가 20살이 되던 해에 엄마와 아버지는 헤어지셨다. 나는 아직 마음의 준비가 되지 않았고, 내 마음은 알아주지 않고 헤어지셔서 당황스러웠다. 20살이 된 내게는 부모님의 보살핌이 아직 필요했다. 스트레스를 엄청 받게 되었다. 남동생은 고등학생이 되었는데, 학교 가기 싫다고 고등학교를 자퇴했고, 오빠는 나쁜 친구들과 어울리며 담배를 피웠다. 너무 슬펐다. 남동생은 매일 컴퓨터 게임을 했다. 그래서 나는 남동생이 왜 그러는지 이해하지 못했는데, 게임을 하면 스트레스가 풀린다는 얘기를 들었던 것 같다. 많이 힘든 모양이다. 아버지, 오빠, 나, 남동생이랑 컨테이너 집에 살게 되었다. 집이 55평 남짓 큰 집에서 살다가 너무 작은 컨테이너에서 사니까 너무 답답했다. 여름이면 더웠다. 부모님의 결정이니 이해를 했다가도 적응하기 어려웠다. 그리고 부모님을 이해한다고 했던 내 자신이 후회스러웠다. 너무너무 답답

했다.

3년 후 처음 약을 먹기 시작했다. 가족사가 복잡해졌고 마음도 복잡해졌다. 6년 후에는 입원을 했다. 나는 부천에 있는 공동생활가정 쉐어하우스에 들어오게 되었다. 원장님과 언니들이 있었고, 처음에 동광임파워먼트센터에 다녀야 한다고 원장님이 그러셨다. 그래서 동광에 다녔다. 그렇게 바쁘게 지내고 있는데, 제작년에 아버지는 암으로 돌아가셨다. 슬펐다.

난 소사에 제빵사업단에 들어가게 되었다. 거기서 쿠키를 만들었고 1년 6개월을 다녔다. 거기서 같이 일하는 동료들과 친해졌고, 나름 일 다니는 게 재미있었다. 난 부천대 사회복지학과를 등록해 강의를 듣고 있다. 그리고 벌써 마지막 학기고 내년에 실습만 하면 졸업이다. 아버지가 하늘에서 좋아하실 것 같다. 그리고 나는 실습 때문에 자활을 옮겼고, 지금은 카페에서 일을 한다. 카페에서 일한 지는 한 달하고 2주 정도 되었고, 앞으로 카페와 빵을 같이 하는 카페를 창업하거나 사회복지사로서 일을 하고 싶다.

지금은 어머니와 다시 연락을 하고, 시간이 날 때면 주말에 간다. 나에게 예쁜 조카도 생겨서 좋고, 지금 오빠와도 전보다 잘 지내고 있다. 남동생도 알아서 잘 지내서 좋다. 이렇게 가족사도 정리되었다. 나는 앞으로 카페에서 일을 하다가 내년에 실습도 하고, 사회복지사 자격증을 따서 카페에서 일하는 것을 그만두고 사무직 사회복지사로서 일을 하는 게 내 목표이다.

내가 수원하나병원에 있을 때 사회복지사 선생님이 계셨는데, 그분이 너무 잘해주시고 착하시고 멋있었고 똑똑하셨다. 그때 나도 사회복지사가 되고 싶다는 생각을 하였다. 여기에 오니 언니가 사회복지사를 준비하여 사회복지사가 되었다. 그래서 사회복지사를 준비하여 사회복지사로 나도 일을 했으면 좋겠다고 생각했다. 어쩌면 가능하지 않은 일인지도 모른다. 하지만 물론 지금은 막연히 동경의 대상일지라도 뭐든지 해보지 않고는 모른다고 생각한다. 내가 힘들 때 항상 도움이 되었던 것은 다시 일어설 수 있다는 마음을 가지는 것이다. 미래에 나는 가정을 이루고 행복하게 살고 싶다. 예쁜 딸과 아들도 한 명씩 있었으면 좋겠다. 오늘 잠자리에 들며 나에게 말한다. "수고했어. 잘했어. 잘할 수 있어."라고

나는 우리 동네가 좋다

김병열

1981년 12월 24일 크리스마스 이브에 나는 부천에(정확히는 인천시 구산동) 처음으로 발을 디뎠다. 논산훈련소에서 4주 훈련을 마치고 의 정부에 있는 보충대로 이동하여 자대 배치를 기다리게 된다. 보충대 에는 여러 가지 설들이 있다. 군용 트럭을 타면 최전방 부대에, 군용 버스를 타면 전방에 근접한 부대, 일반 관광버스를 타면 경기도 남부 지역으로 배치된다는 이야기들이다. 나는 이 설들을 사실로 믿고 관광 버스 타기를 간절히 소망하였다. 보충대에서의 생활은 고작 3박 4일 이었다. 이 3박 4일은 군 생활 30여 개월 중 내무 생활이 가장 편안한 기간이다. 그럼에도 훈련을 막 끝낸 신병들은 하루빨리 자대가 배치 되기를 고대한다. 지금 생각하면 왜 그랬을까 싶은 생각이 든다. 나의 간절한(?) 바람은 이루어져서 일반 관광버스를 타고 도착한 곳이 육군 제17사단이었다. 설들은 나에게만큼은 사실이었던 것이다.

군 생활을 하면서 외출, 외박, 휴가 때에는 송내역을 이용하거나, 인천 계산동을 출발하여 강남 고속터미널을 경유하고 순환하는 시외버스를 이용하여 부천역이나 서울로 향하곤 하였다. 그 당시의 송내역은 신도시가 개발되기 전이라 북부 쪽에는 포도밭이 있어서 여름철 외박이나 휴가를 나오게 되면 포도를 사 먹기도 하였는데, 굉장히 맛있게 먹었던 기억이 난다.

전역을 하고 복학을 하여 학교를 졸업하고 첫 직장으로 취업한 곳이 송내동에 위치한 컴퓨터 주변기기를 생산하는 전자회사였다. 지금은 그 자리에 아파트가 들어서서 옛 회사의 자취는 찾을 수가 없어서 아쉬운 점이 내게는 있다. 전자회사에 입사한 해가 1987년이었다. 공교롭게도 이 회사의 위치는 군 생활을 하면서 휴가나 외박을 나올 때 매번 지나치는 길목에 있어서 부천이 나에게는 특별한 인연이 있는 도시라고 그때도 생각했었고, 지금도 그렇게 생각한다.

1988년도 결혼을 하면서 역곡 남부역 쪽에서 신혼살림을 시작하였다. 지금 건주병원이 있는 그 부근이다. 단독주택 2층에서 연탄불을 꺼트리면서, 또 피워가면서 그렇게 생활을 하였다. 당시만 하더라도 내가

부천에서 이렇게 오래 살리라고는 생각하지 못하였다. 지금도 대한민국 최고의 회사 중 하나이지만, 그 당시에도 으뜸가는 전자회사로 이직이 예정되어 있었기 때문이다. 하지만 그 계획은 여러 가지 이유로 실현되지 못하였다. 아마 그때 회사를 옮겼더라면 나의 부천 생활도 그때까지가 마지막이었으리라고 생각된다.

역곡에서 큰 아이를 낳고 몇 년 뒤에는 소사본2동 연립주택으로 이사를 하여 생활하면서 작은 아이를 얻었으니, 혹시 이후에 부천을 벗어나 다른 곳에서 생활을 하더라도 부천, 역곡, 소사는 절대 잊을 수 없을 것 같다.

지하철은 많은 인원 수송 분담의 역할을 하는 대중교통 수단으로 순기능적인 요소가 많지만 우리의 생활권을 양분하는 역기능도 초래하게 되었다. 부천을 지나는 인천선의 몇 개의 역은 남부권과 북부권으로 양분되어 생활권 자체가 구분되는 상황이 벌어졌고 지금까지도 그 폐단이 지속되고 있다.

부천시 인구는 2024년 7월 현재 77만 3,689명으로(행정안전부 자료) 전국에서 인구 밀도가 가장 높은 도시이다. 부천은 1990년대에는 재정 자립도가 전국에서 상위에 랭크되는 등 살림살이가 괜찮은 도시였다. 하지만 지가 상승, 타 지역에서의 공장 유치 활동 등으로 인하여 삼정동, 내동 등의 작은 기업들이 경기 남부나 충청권 등으로 이전하면서 인구가 급격히 줄어 80만 명 아래로 떨어졌고 이로 인하여 세수도 상대적으로 줄어 2023년도 세수는 6100억 정도이고 재정 자립도는 약 31%로 전국 순위 47위에 위치해 있다.

국가나 사회의 "문명화 정도"는 장애인의 생활 수준으로 평가한다는 이야기가 있다. 장애에도 여러 종류가 있지만 특히 조현병은 사회적 관심과 지속적인 치료와 재활 활동을 병행하면 사회에 복귀할 수 있는 비율이 65~80%에 이른다는 연구 결과도 있다. 예전에 우리는 정신 질환자를 대하는 태도가 매우 경직되어 있어서 상대를 무시하거나 잠재적 범죄자로 취급하여 의도적으로 소외시킴으로써 사회에서 격리 아닌 격리가 이루어지곤 하였다. 이 자체가 인권 침해이고 부당한 차별인 것이다. 이들은 주위에서 조금만 관심을 가지고 대하면 충분히 사회의 구성원으로 자기 역할을 충분히 할 수 있는 시민인 것이다.

우리 마을 소사본동에는 국가나 지자체가 운영하는 그 어떤 시설보다도 훌륭한 복지시설이 있다는 것을 안 것은 몇 년 되지 않는다. 어떤 커뮤니티에 참여하게 되면서부터이다.

그 복지시설은 뿌리샘에서 운영하는 셰어하우스와 이룸이다. 정신장애를 가지고 계시는 분들을 위한 공동생활 가정이다. 과거에는 장애인 복지시설이나 사회적 약자를 위한 시설들이 동네에 들어온다면 주민들의 반대가 예상외로 극심했던 시절도 있었지만 지금 우리 동네에서는 별 무리 없이 운영되고 있다는 사실로 주민들의 성숙함에 감사하게 된다. 또 일부 반대가 있었으리라 예상하면 그 과정을 주민들과의 소통 과정을 거쳐 지금의 위치를 확실하게 정립시킨 뿌리샘에 고개를 숙이게 된다.

앞서 부천에서 살게 된 경위와 아주 간략하나마 부천의 어제와 오늘의 이야기를 잠깐 했었다. 한때는 부천시의 슬로건이 문화도시인 적도 있었다. 장애인 복지 등 복지 정책을 바탕으로 하지 않고는 문화 정책을 얘기할 수 없을 것 같다. 그만큼 사회 기본 시스템이 잘 갖추어져 있다는 방증이 아닌가 싶다. 부천에서도 우리 동네 소사본동은 주민들의 자질과 역량이 최고라는 생각이 든다. 민주 사회 구성원으로서 손

색이 전혀 없다.

나는 이런 수준 높은 동네에 살고 있다는 것이 무척 자랑스럽다.

공동생활가정 '이룸'의 소소하지만 특별한 이야기

김성교

우리 지역사회의 동네에는 공동생활가정 '이룸'이 있다. 이곳은 마음의 상처를 치유하고 서로의 아픔을 나누며 함께 행복한 삶을 살아가는 따뜻한 공간이다. '이룸'은 단순한 거주지가 아니라, 그 안에서 각자의 이야기가 얽히고 섞이며 서로의 삶을 풍요롭게 만드는 특별한 장소다.

이곳에 사는 사람들은 각자 다른 마음의 아픔과 사연을 지니고 있지만, 누구도 차별받거나 소외된다고 느끼지 않는다. 다양한 배경을 가진 이들이 모여 형성된 작은 공동체는 서로의 아픔을 이해하고 기쁨을 나누는 데 중점을 두고 있다. 매일 우리는 함께 식사를 준비하고 청소를 하며 일상을 시작한다. 그 과정에서 서로의 이야기를 나누고 공감하며, 작은 일에도 감사하는 마음을 배우게 된다. 예를 들어, 저녁 식사를 준비할 때는 각자의 요리 비법을 공유하며 즐거운 시간을 보내고, 이를 통해 서로를 존중하고 공감하며 작은 일에도 감사하는 마음을 가지는 방법을 익히고 있다.

'이룸'은 단순히 정신적 어려움을 겪는 분들을 위한 공간이 아니다. 이곳에서 생활하는 분들은 각자 다양한 꿈과 목표를 가지고 있으며, 그 꿈을 이루기 위해 열심히 노력하고 있다. 어떤 이는 아버지와 함께 맛있는 저녁을 차려드리고 싶어 하고, 또 다른 이는 작은 교회의 아이들을 가르쳐보고 싶은 희망을 품고 있다. 명절을 가족과 함께 보내고 싶다는 작은 꿈도 소중히 여겨진다. 이러한 꿈들은 이룸의 소중한 일상 속에서 함께 이루어지기 위한 끈끈한 연대감을 형성한다.

이런 과정 속에서 우리는 차별받지 않고 함께 살아가는 방법을 배우고 있다. 편견과 차별로 인한 고립감을 느끼던 이들이 이제는 서로를 지지하며 함께 나아가는 법을 익히고 있다. 이곳에서의 경험은 그들에게 단순한 재활이 아닌 진정한 삶의 의미를 찾는 여정이 되고 있는 것

이다. 서로의 존재가 큰 힘이 됨을 깨닫고, 끈끈한 유대가 생겨 단순한 공동체를 넘어 가족 같은 관계로 발전하고 있다. 여기서 중요한 역할을 하는 것이 바로 사회적협동조합 뿌리샘과 후원자들이다. 그들은 단순히 경제적 지원을 넘어서 지역사회에 긍정적인 영향을 미칠 수 있도록 돕고 있다.

공동생활가정이 단순한 거주 공간이 아닌 사랑과 연대의 상징이 되길 바란다. 이곳의 모든 사람들은 저마다의 꿈을 가지고 있으며, 서로의 꿈을 응원하는 따뜻한 공동체를 이루고 있다. 사회적협동조합 뿌리샘과 함께 만들어가는 공동생활가정에서는 차별과 편견이 없는 세상을 향한 작은 발걸음이 되고 있다. 이들은 함께 행복한 삶을 살아가며 서로의 존재가 얼마나 소중한지를 깨닫고 있다.

이 여정을 통해 자신들이 삶이 얼마나 가치 있는지를 다시 한번 느끼는 기회가 되었으면 한다. 그들은 이제 더 이상 마음의 아픔에 갇힌 존재가 아니라, 희망과 사랑으로 가득한 삶을 살아가는 과정 속에 있다. 공동생활가정 '이룸'은 차별받지 않고 함께 행복한 삶을 살아가는 따뜻한 이야기로, 우리 지역사회의 소중한 일원이 되어가고 있다. 이곳의 모든 순간이 서로를 존중하고 사랑하는 모습으로 남아 있기를 바란다.

행복한 삶은 서로에 대한 이해와 존중으로 시작된다. '이룸'과 '사회적 협동조합 뿌리샘', 그리고 이를 포용하는 지역 주민들의 이해와 공감은 단순한 지원을 넘어 진정한 공동체의 의미를 되새기게 한다. 우리는 모두 다르지만, 그 차이를 인정하고 존중할 때 비로소 함께 행복한 삶을 살아갈 수 있다. 이곳에서의 따뜻한 이야기는 앞으로도 계속될 것이며, 그 안에서 우리는 서로의 빛이 되어줄 것이라 기대한다.

이렇게 '이룸'에서의 삶은 꿈을 이루기 위한 여정이자, 서로의 아픔을 나누고 치유하는 소중한 경험으로 가득 차 있다. 이러한 소소한 이야기들이 모여 큰 변화를 만들어가고 있으며, 앞으로도 많은 이들에게 희망의 빛을 전할 수 있기를 바란다.

나에게 있어 가족이란...

김소연

나는 언제부턴가 늘 외롭고 혼자라고 생각했던 것 같다. 그렇다고 진짜 혼자였던 건 아니었다. 내 뒤에는 늘 가족이 있었다. 그럼에도 혼자라고 느낀 건 왜 그랬을까… 지금은 그런 생각들이, 그런 행동들이 많이 후회로 남아버렸다. 주변에 늘 사람이 많았을 때도, 반대로 늘 없었을 때도 가족은 변함없이 내 뒤에 한 그루의 든든한 나무처럼, 어쩔 때는 햇빛을 막아 그늘을 만들어주듯 했고, 어쩔 때는 거센 바람을 막아주었다. 그런데도 그런 가족들을 나는 외면하고 피하고 원망하고 탓하기만 했다. 나에겐 나를 빼고 4명의 가족이 있다.

첫 번째로 우리 아빠. 우리 아빠는 젊었을 때는 젊으셔서 그런지 몰라도 많이 무섭게 날 대할 때도 있었고, 많이 엄하시기도 했지만 그와 반대로 가족에 있어서는 늘 무슨 일이든 거리낌없이 나서시는 분이셨다. 내가 친구와 싸우고 맞고 들어왔을 때도, 별일 아닌 일로 선생님께 호되게 혼나고 들어왔을 때도 우리 아빠는 늘 거리낌없이 학교를 찾아와 슈퍼맨처럼 내편을 드시며 문제를 해결해 주셨다. 내가 초등학교 때 다리를 다쳐 못 걸었을 때도 내 개근상을 위해 날 업고 육교를 올라가시며 날 등교시켜 주셨고, 늘 산만한 나를 위해 여기저기 재미있는 곳을 찾아 놀이동산이든 자연농원이든 찾아다니며 나와 놀아주셨다. 그런데 난 그런 아빠를 마냥 좋아하지는 않았다. 언제부턴가 난 아빠에게 반항아였고 골치거리가 되어버렸었다. 우울증을 겪기 시작했을 때부터였던 것 같은데, 왜 갑자기 아빠가 그렇게 미웠는지 모르겠다. 지금 생각하면 정말 못된 딸이었던 것 같다. 그렇게 10대, 20대를 보내고 30대가 되어버렸는데…

여기서 중요한 건 아빠는 시간이 30년이 흘러갈 때까지 한 번도 내 손을 놓지 않으셨다는 것이다. 어떤 상황이든 어떤 문제였든 늘 내 손을 잡고 괜찮다, 괜한 걱정 하지 말아라 다독여 가며, 넌 할 수 있다. 할 수 있는데 아직 그러지 못하는 것일 뿐이다. 주문처럼 내게 주입시켜

주셨던 우리 아빠… 지금은 정말 감사하게 생각하고 그런 아빠가 많이 소중하다. 나의 라임 오렌지 나무 같은 우리 아빠가 있다.

두 번째로 우리 엄마. 우리 엄마는 늘 남의 편이었던 걸로 기억한다. 요즘 사람들 얘기로 MBTI로 따져보면 T(이성적인 사람) 이었던 것 같다. 그런 반면에 나는 아예 반대로 F(감정적인 사람)이었기에 정말 안맞아서 많이 싸웠던 게 기억에 많이 남는다. 엄마는 늘 화를 내시고 짜증을 내셨고, 나는 그런 엄마를 많이 미워했었다. 친구랑 싸우고 들어오면 아빠는 늘 내편이셨지만, 엄마는 "친구도 니가 그래서 힘들었을 거야. 친구도 이유가 있으니까 그러지 않았겠니?"라며 초등학생인 나에게 이성적인 논리를 논하셨던 분이기도 했다. 그래서 나는 다른 엄마들이 너무 부러웠다. 뭐… 엄마가 아예 싫었던 건 아니지만, 가정실습으로 목도리를 떠오라는 숙제를 받으면 몰래 다 떠서 주시기도 했고, 운동장에서 시간 가는 줄 모르고 식사 시간 놓쳐가며 놀고 있으면 맛있는 토스트를 구워서 포장해 오시기도 했다. 그런데 난 엄마가 왜 그렇게 미웠을까…

내가 자라가면서 우울증을 겪고 그게 조울증으로 변하게 되어가면서 많은 힘든 일을 겪고 삶을 포기하고 싶다고 생각하게 되기까지 엄마는 그 과정을 지켜보면서 마음이 문드러졌을 텐데도 이성적인 엄마가 감정적인 사람이 되어 나에게 삶의 의미와 의지를 심어주고자 변해가면서까지 우리 엄마는 늘 노력을 해오셨던 것 같다. 그런 엄마를 미워했던 내 자신이 한심하고 많이 후회된다… 하지만 지금이라도 우리 엄마를 사랑하려 한다. 아픈 나 때문에 늘 마음 아프신 우리 엄마, 마음이라도 편해지게 많이 노력하려고 한다.

세 번째로 우리 여동생. 내 여동생은 나와 마찬가지로 정신 장애가 있다. 나만 아프면 좋았을 걸 이라는 생각을 수천 번 해봤다. 나도 아픈데 여동생까지…라는 아픈 생각으로 여동생을 대해왔던 것 같다. 그래서 늘 여동생에게 가시가 돋힌 말을 퍼부었고, 싸우기도 많이 싸우고 그 하나 이해하지 못해 아픈 상처를 주기도 했다. 그런데도 나의 여동생은 늘 언니 바라기였다. 언니 바라기는 늘 하는 말이 있다. "언니가 그랬으니까 나도", "언니랑 똑같은 거 할래" 등등… 누가 봐도 언니를 너무 좋아한다. 그런데도 못된 나는 여동생을 무시하기도 했으며 그 착한 마음을 이용할 때도 있었다. 지금은 많이 후회하고 있지만 말이다…

언니 바라기… 여동생을 위해 나는 조금씩 변해가려고 노력 중이다. 동생의 눈높이에도 맞추어 바라보기도 하고 생각하기도 하며, 소리를 지르며 화를 내기보다는 부모님께 중재를 맡기기도 하게 변하고 있다. 그렇게 하는 게 내 여동생을 지키는 일이라 생각하고 있다. 만약에 부모님이 안 계시게 되는 날이 오면 나는 여동생을 책임지고 싶다는 목표가 생기기도 했다. 현재 그 목표가 꼭 이루어져 자매 간의 애정이 많이 생겨 잘 살아갔으면 한다.

네 번째, 우리 남동생. 남동생은 완벽하다. 어렸을 때부터 똑부러졌으며 정신도 멘탈도 유리 같지 않고 단단한 철강 같은 아이이다. 나와는 많이 차이나는 7살 터울의 귀여운 막내이지만, 나에게 있어서는 내가 더 나이어려 보이는 오빠 같은 역할을 해주는 남동생이다. 남동생은 학창 시절을 무난히 보내고 군대를 가서는 월급을 틈틈이 모아 목돈을 만들어오고, 일찍이 IT 업계에 취직을 해서 또다시 목돈을 모으고 그 돈으로 아빠 사업 자금을 빌려주기까지 하는 멋진 동생이다. 그러나 한 가지 문제점은 나와 남동생은 약간의 비즈니스적인 관계가 형성되어버린 듯하다. 뭔가 조심스러운 부분이 많은 관계랄까? 예를 들면 빨래를 하더라도 나는 일을 다니는 남동생을 위해 먼저 나서고, 남동생 또한 그럴 수 없다며 먼저 나서는 여느 집 남매와 다르게 선을 지키는 그런… 아직까지는 그런 관계가 형성되어 있지만 앞으로는 조금 더 친밀하고 조심하고 선은 지키지만 더 가까워지는 그런 남매가 되려 나는 노력하려고 한다. 아픈 누나들을 위해 늘 먼저 나서는 우리 이쁜 남동생은 역시나 완벽하다.

이렇게 우리 가족은 다복하면서 꽉 찬 가족이다. 언제부턴가 늘 미워하고 원망만 해오던 가족이었지만 이제 나는 변화하려 한다. 나의 소중한 가족을 위해 내가 무언가 노력이 필요하다면 나는 서슴없이 노력을 할 것이다. 나에게 있어서 가족이란 나의 뒤에 있기도 하면서 앞에도 있는, 어느 곳에든 날 위해 존재해주는 너무나 소중한 사람이다. 나의 사랑하는 가족들. 정말로 사랑한다고 수십 번이라도 말해주고 싶다.

예쁜 미소

김순이

공동생활가정 쉐어하우스 오픈식, 뿌리샘 설립등 처음에는 낯설게 느껴졌습니다. 협동조합 설립과 함께 회원들을 모집하고 바쁘게 돌아가는 움직임, 유병연 대표님께 미리 전해들은 여러 가지 사항은 조금은 알고 있는 일이었지만 이렇게 큰 일이라는 것은 몰랐습니다. 주택 한복판에서 이런 공동생활가정을 설립하고 주민들의 반응은 어떨까 하는 걱정스러운 마음이었습니다. 하지만 여러 날이 지나가고 이웃 주민들의 반응은 생각보다 크게 걱정할 분위기는 아닌 듯하였습니다. 회원님들도 공동생활가정 안에서 적응도 잘하고 생활하며 시간은 그렇게 흘러 보기 좋은 공동생활가정 쉐어하우스가 되어갔습니다.

저는 가끔 공동생활가정을 방문하여 식사 준비와 생활하는 데 나름 도움을 주고, 직원이 휴가일 때 대체 근무를 하면서 조심스럽게 회원들에게 다가갔습니다. 스스로 할 수 있게끔 조언도 해주고, 때론 충고도 하며 가까워지려 노력할 때쯤, 회원들이 먼저 다가와 저녁식사도 함께하자는 말도 건네며 어려운 일도 의논하고 차츰차츰 마음의 문을 열며 다가오는 모습에 봉사라곤 할 수 없지만 큰 보람을 느끼며 감동도 받았습니다.

어느 날 공동생활가정에 방문했는데 한 회원이 걱정스러운 얼굴로 세면기가 막혀 물이 내려가지 않는다고 하며 물이 철철 넘치도록 그냥 두고 있는 것을 보고 깜짝 놀랐습니다. 저는 회원에게 다가가 물어보니 상황 설명을 하는 것이었습니다. 저는 조심스럽게 "우리 같이 한번 해결해 보자"고 하여 회원이 보는 앞에서 세면기와 뚜껑을 뽑아 열고는 막혀 있는 머리카락을 제거하고 물이 빠진 세면대를 깨끗이 청소한 다음, 회원에게 앞으로는 이렇게 하면 된다고 알려주니 감사함을 예쁜 미소로 표현하며 미안해하고는 "잘 알았습니다. 앞으로는 가르쳐 주신대로 하겠습니다"라고 하는 모습에서 진심으로 감사의 기쁨이 묻어 나오는 것을 보고 감동을 받았습니다.

어느 날 또 방문하여 저녁식사 준비를 도우려고 냉장고 문을 열려는 데 당번 회원께서 미리 준비를 했는지 반찬은 이렇게 같이 먹으려고요 하면서 이것저것 보여주는 겁니다. "아~ 네" 했더니 밥만 하면 된다고 하며 이런저런 이야기를 하면서 남친 이야기도 들려주었습니다. 저는 밥을 짓는 모습에서 공동체 생활을 시작한 지 얼마 되지 않았는데 병원 생활만 하던 회원들이 봉사자들이 알려준 대로 하는 것을 보고 스스로 배워가며 함께하는 공동생활에 적응을 잘하는 모습을 보며 이런 것이 잊고 있던 우리의 몫이었구나 하는 미안함을 가지곤 했답니다.

요즘 저의 건강 핑계로 방문을 못하지만 지난 날들을 기억해보면 마음 아픈 기억이 생각나고 입가의 예쁜 미소를 머금고 다가오던 회원들의 모습이 눈앞을 스쳐갑니다. 이 모든 일들이 저 자신에게도 큰 보람이었고 감동이며 기쁨이었습니다. 세월이 흘러가면서 이렇게 조금씩 사랑과 관심으로 진정성을 보일 때 마음의 문을 활짝 열며 지속적으로 관심을 가진다면 당장 결과는 보이지 않겠지만 차츰차츰 약물치료와 사랑, 진심 담긴 관심이 헛되지 않고 좋은 결실로 아름다운 미소가 활짝 피어나지 않을까 싶습니다.

우리 지역뿐만 아니라 다른 지역에서도 공동생활 가정이 많이 생긴다면 우리 회원님들과 같은 분들이 마음 놓고 생활할 수 있지 않을까 하는 생각입니다. 정부에서 많은 관심을 가지고 협조와 지원이 꼭 필요한 복지입니다. 지자체 복지 담당 부서에서 공동생활가정 설립을 주관해 주시면 회원님들께 큰 힘이 되어 생명의 존엄성을 소중히 여기고 생활할 수 있지 않을까 하는 바램입니다.

귀 기울이는 사회

김장배

2024년 현재 우리가 인터넷 검색에 정신건강을 검색하고 가장 오래된 기사부터 검색을 하면 '1990년 5월 부산시에 있는 정신요양원에서 정신질환자들을 강제 동원하여 노동을 시켰다'는 신문 기사를 볼 수 있다. 1994년 3월 15일 MBC PD수첩에서 '기도원에서의 두 죽음'을 방영하면서 기도원에서 정신질환자를 폭행해 죽게 한 사례 등을 밝힌 기사를 볼 수 있다. 이렇듯 정신질환에 대한 어두운 측면의 다양한 기사가 게재된 것을 볼 수 있다. 그리고 1995년 12월 정신보건법이 제정되었다.

과거나 현재나 정신질환은 멀리하고 싶은 명칭이 되었다. 그러나 평생을 살면서 정신질환에 걸릴 확률은 니코틴 중독을 빼더라도 22.9%이다(21년 정신건강실태조사보고서, 보건복지부). 100명 중 22명은 정신질환에 걸릴 확률이 있다는 얘기이다. 중증 정신질환도 인구의 0.5 – 1%로 보고하고 있다. 100명 중 1명 정도는 중증 정신질환에 진단을 받는다는 의미이다. 고혈압 유병률은 27.3%이며 당뇨병 유병률은 11.3%이다. 비율로만 보면 모두 흔한 질병이 되었다. 어느 따뜻한 봄 지나가다가 떨어지는 벚꽃 잎이 내 몸에 앉는 것 정도일 텐데, 정신질환에는 너무도 많은 선입견, 편견, 낙인이 스며들어 있다.

병은 치료하고 회복되어야 하는 것인데, 언제부터인가 어떤 병은 편견과 낙인이 되어버렸다. 우리가족 5명 중 한 명이 걸릴 수 있는 병인데, 마치 아무 일도 없었던 것처럼 병을 편견과 낙인의 대상으로 보고 있다. TV에서 유명 연예인이 우울증에 걸리고, 공황장애에 걸린 후에 많은 사람들이 우울증과 공황장애를 조금은 말하기 편안한 것으로 생각하며 얘기하고 있다. 우울증은 마음의 감기라는 표현이 조금 가까이 가기 쉽게 문을 열었다고도 볼 수 있는 것일까? 우리의 편견과 낙인은 변화될 수 있다는 것을 보여주기도 한다.

1995년 처음 정신건강 영역에서 활동을 시작했다. 정신질환을 가진 분들과 처음 미팅은 어색하고 낯설었다. 아마도 나도 선입견 때문이었을 것이다. 선입견과 어색함이 조금씩 사라진 것은 아마도 그분들과의 이야기와 관계 덕분이었다. 이야기에 귀 기울이고, 관계가 형성되면서 서로를 이해하게 된 것이었다.

만난 분들은 병원에서 10년, 15년, 20년의 세월을 입원이라는 명목 아래 병원 생활을 지속하고 있는 장기입원 환자분들이 많았다. 보호자가 퇴원시키지 않으면 퇴원할 수 없는 시스템의 굴레 속에 갇혀버리는 것이었다. 이러한 시스템은 정신보건법이 만들어지고 나서 방향을 전환할 수 있었다. 아직도 강제입원이 있기는 하지만 입원 기간을 연장할 수는 있지만, 그래도 공식적인 입원 기간은 3개월이고, 인권의 목소리는 조금 더 높아졌으며, 당사자의 목소리도 조금 더 들리기 시작했고, 지역에는 정신건강복지센터, 정신재활시설 등 다양한 정신건강 기관들이 운영되어 지원하고 있다.

정신질환이 걸린다는 것은 병에 걸린다는 것 이상의 사회적, 문화적 요소들이 작용하고 있다. 그냥 병에 걸리면, 병을 치료하고 회복하고 다시 원래의 일상으로 돌아가야 하는데, 정신질환이 시작되면 많은 사람들이 일상으로 돌아가지 못하고 있다. 치료받고 청소년들은 다시 학교로 돌아가고, 청년들은 다시 대학으로 돌아가고, 다시 직장으로 돌아가고, 다시 가정으로 돌아가야 하는데 그러지 못하고 있다.

사회에서 일어나는 다양한 사건 사고에 정신질환이 결부되면 언론은 아주 크게 자극적으로 기사를 쓰고, 사람들은 이로 인해 정신질환을 가지고 있는 사람들에 대한 근거 없는 불안감을 갖게 된다. 이러한 불안감은 편견으로 확장되고, 개인의 인권과 사회의 안전에 대한 논의에서 사회의 안전을 선택하게 된다. 이러한 선택은 인권이 무너지는 세상을 계속 열어가고 있다. 나하고 상관없는 사람들의 인권이 무너지는 것이라 관심이 없을 수도 있지만, 그러한 사회적 현상은 곧 나에게 적용되어 나의 인권이 존중받지 못하는 세상에 살고 있게 될 수도 있다.

"나만 아니면 돼"라는 말은 TV 예능에서 아주 많이 사용된다. 예능이기에 즐거운 상황에서 사용되기 때문에 이 말은 강한 전염력을 가지고 일상 속에 퍼지고 머물러 있다. 그러한 일상은 우리 가치에 머무르고, 우리의 가치는 사회적 환경에 영향을 줄 수 있을 것이다.

30년 전 만난 정신질환을 가진 분들은 주로 병원에 계시거나 집에만 있거나 또는 다른 장기 시설에 있었기에, 많은 사람들이 사회와 단절되어 사회생활을 이어가는 것을 어려워하는 분들이 많았다. 그래서 전문가 집단에서는 이분들을 지원하기 위해 사회기술훈련, 대인관계훈련 등 훈련을 통해 사회와의 연결을 이어가는 것을 지원하였다.

2020년대 만난 정신질환을 가진 분들은 인터넷을 통한 풍부한 정보를 연결할 수 있기에 빠르게 정신병원을 찾게 되고, 지역에서 다양한 정신건강 서비스 정보를 찾아서 연결하고 활동하면서 사회와 연결을 이어가고 있다. 학교에 다시 입학하고, 원하는 취업자리를 알아보고, 다양한 취미활동을 가지고 싶어 한다.

지역사회 정신건강 전문 영역에서는 재활이란 단어도 사용하고 회복이란 단어도 사용한다. 부족한 것을 채우거나 병과 함께 살아가는 방법을 찾아간다는 것이다. 다른 지원하는 방법으로 동료지원을 통한 지원도 진행하고 있다.

우리는 정신질환을 가진 분들과 충분히 함께 살아갈 수 있다. 그리고 우리의 선입견, 편견도 충분히 변할 수 있다.

일본의 작은 도시에서는 50년 넘게 정신질환을 가진 분들의 벧엘의 집이라는 공동체 마을이 이어지고 있다. 이탈리아에서는 1970년대 정신건강법을 통해 정신병원을 폐쇄하고 모두 퇴원하여 지역에서 활동하면서 살아가는 것을 가능하게 했다. 핀란드에서는 오픈 다이얼로그라는 것으로 입원 환자에 대한 새로운 장을 열었다. 이러한 사례들은 우리의 생각이 변화될 수 있고, 행동 패턴이 달라질 수 있다는 것을 알게 한다.

정신건강 정책에서 좀 더 촘촘하고 다양한 정책은 정신질환을 가지고 있는 분들이 치료하고 일상으로 돌아가는 것을 더 확장할 수 있을 것이다. 청년으로 진입하는 분들, 노년으로 진입하는 분들, 집으로 돌아갈 수 없는 분들, 수급이지만 취업이 함께 필요한 분들, 정신질환에 대한 처음 치료가 어려운 분들 등등, 이런 분들을 위한 좀 더 세부적인 정신건강 정책 시스템이 요구된다.

정신건강 시스템은 세계에서 다양한 변화가 있으며, 우리나라에서도 정신보건법 제정 이후 많은 변화들이 있었다. 이러한 변화는 사회를 조금씩 변화시켜 나가고 있었을 것이다. 특별하게 얘기하지 않아도 우리는 정신건강의 어려움에 많이 노출되어 있고 그 안에 살고 있다. 마치 나만 아닌 것처럼 생각하지만, 나도 늘 그 안에 있다는 것을 이제는 인식하고 정신질환을 가진 분들이 특별히 다른 사람이라는 인식에서 벗어나서 일상을 함께할 필요가 있다. 이제는 가족들에게, 친구들에게, 이웃들에게 귀 기울여야 한다. 귀 기울이고 함께하는 사회를 만들어가야 할 필요가 있을 것이다.

정신건강 小考

김재인

"정신건강 질병은 퇴원후 지속적 관리가 중요하다."
'정신건강'의 이슈가 질병으로 인식되고, 입원진료의 필요성과 퇴원
후 지속적인 관리의 중요성이 대두된 것은 비교적 근래의 일로 알고
있다.

필자는 정신건강 문제에 대해 전혀 문외한이었던 약 6~7 여년전, 오랜
기간 가깝게 지내온 교우(教友) 유병연 바오로 형제가 기업인 은퇴 후
사회적협동조합 '뿌리샘'을 설립하여, 정신건강 환우들이 퇴원 후에
안정적인 사회 복귀를 할 수 있도록 그 적응 과정에 도움을 줄 수 있
는 사회적 봉사에 힘쓰는 과정을 보면서, 비로소 정신건강 문제에 대

해 아주 조금씩 관심을 갖는 계기가 되었다.

필자의 미미한 소견으로는 다른 질병과 마찬가지로, 정신건강이라는 '질병'도 우선적으로는 예방이 중요하다고 생각한다. 그러나 무엇보다도 정신건강 질병은 일정 기간 입원진료 후 퇴원했을 때 일반 질병보다 더욱 더 지속적인 사후 관리가 필수적인 분야라는 것이다.

일반적인 신체 질병의 경우는 퇴원 후 회복 과정에서 본인의 의지에 따라서 환우의 사회적 관계 유지에 특이한 어려움은 없을 것으로 생각된다. 그러나 정신건강 질병의 경우는 퇴원 후 정상적 사회적 관계를 영위해가도록 하려면 보다 면밀한 적응 과정, 즉 사회복귀를 준비하기 위한 과도기간이 필요하다는 것이다.

그러기 위해서 퇴원 후 특정한 주거시설을 마련하여 지속적인 관리와 함께 병원과 사회의 징검다리가 될 수 있는 적응과정을 마련하여 안정적인 사회 복귀 과정을 도와주는 것은 정신건강 환우들의 온전한 회복과 사회 진입을 도와주기 위한 필수불가결한 대책이라고 생각한다.

정신건강 문제에 관한 이러한 지속 가능한 관리의 중요성은 아무리 강조해도 부족할 것이다. 현재 우리 사회에서 이러한 적응 환경이 그리 풍족하게 마련되어 있지는 못한 것으로 알고 있다. 이러한 관점에서 이 분야에서 거의 개척적인 출발로 고군분투하고 있는 '뿌리샘'의 역할은 너무도 그 의미가 크다고 아니할 수 없다.

예방적인 측면에서 첨언한다면, 정신건강 문제는 우선적으로 모든 우리 사회 구성원이 함께 책임져야 할 과제라고 생각한다.

가정이든 더 큰 사회이든 그 조직의 모든 분야가 안정되어 있다면 다른 질병과 마찬가지로 정신건강의 문제도 훨씬 그 발생 빈도가 적을 수밖에 없다. 건강한 사회에서는 당연히 정신건강의 문제도 감소함이 당연한 결과일 것이다.

정치, 경제, 교육, 종교...등 등 사회의 여러 분야에서 비정상적인 양태 (樣態)가 많이 발생할 수록 우리 사회는 병들어 가는 것이다. 요즘은 어느 누가 정신건강 장애 상태에 있는지 모호할 때도 많다.

정치인들의 아집스런 횡포, 비교육적인 모든 구태 상황들, 일부 종교인들의 일탈 등 등... 그 누가 누구에게 정신건강 문제를 논할 수 있겠는가! 하고 생각해본다. 육체적, 정신적으로 아무런 비정상이 없는 그야말로 이상적인 건강한 사회를 지향하는 마음 간절히 갖게 된다.

우울한 사회

김종태

정신질환이라는 낯설었던 단어가 귀에 익은 지금도 정신질환 환자는 감기 환자라든가 코로나 환자처럼 구체적인 병증이 그려지지 않는다. 동네마다 한두 명은 있었고, 그려러니 하고 살아왔던 그들이 구별되고 분류되어 특정한 공간에서 분리되어 살게 된 것은 최근의 일이다.

대한민국의 최초의 정신병원인 청량리 정신병원은 1945년에 개원하여 2018년 폐원했는데, 이 병원은 한국 사회에서 정신건강 치료의 필요성을 강력하게 자극하였으며, 폐원 후에도 그 역할은 확대 분산되어 오늘에 이르고 있다. 개발 우선시대였던 사회적 분위기 속에서 정신문제가 질환으로서 인식되는 것은 현재도 진행형이다. 개발의 희생으로 사회적 약자에 대한 배려는 저 멀리 후순위로 밀려갔고, 지금도 제대로 된 사회적인 관심을 받고 있다고는 말하기 어렵다.

대한민국에서 정신과 의사로서 활동하는 의사 비율은 주요 OECD국 평균 1000명당 0.16명의 반 수준인 0.08에 불과하다(2020년 기준). 터키와 멕시코만이 한국보다 낮은 비율이다. 정신질환자에 대한 치료 과정에 대한 사회적 인식은 분리 수용과 치료 후 사회 복귀를 전제로 한 탈원 과정에 머물러 있으며, 그 경계에 있다고 볼 수 있는 약물 치료 등 관리 과정 대상자들에 대한 사회적 관심은 거의 없다고 할 수 있다.

그동안 제한되었던 비정신과 의사의 SSRI(선택적 세로토닌 재흡수 억제제)의 60일 제한 처방이 2024년에 와서야 비로소 완화되어 반복 처방이 가능하게 되었으나, 사회적인 편견과 본인들의 자기 부정으로 탈원과 재입원이 반복되는 경우가 빈번하다.

최근 대한민국은 정신건강 문제가 지속적으로 증가하고 있다. 이럼에도 불구하고 정신질환자에 대한 사회적인 인식은 여전히 복잡하고 도전적인 문제로 남아 있다. 정신질환에 대한 부정적인 인식(stigma)은 환자들의 치료에도 큰 장애가 되고, 특히 정신건강 문제를 경험한 사람들은 자기 낙인(self stigma)을 느껴 스스로 사회와의 접촉을 줄이는 등 편견의 거리가 갈수록 넓어져 가는 경향이 있다.

정신건강 문제가 증가하는 요인은 이미 여러 논문과 경험적으로 잘 알려져 있다. 사회적 스트레스와 정신적 불안정, 우울감 및 중독 증세, 특히 우울감에 대한 조사는 비관적이다. 우울증을 포함한 정신질환에 대한 사회적인 인식도 비관적이다. 한마디로 이상한 사람 취급을 하는 부정적인 인식은 치료 접근성을 저해하고, 당사자들에게도 자신의 상태를 부정적으로 인식하는 자기 낙인의 상태를 강요한다. 이러한 인식들은 사회적 고립을 가속시키고 정신건강을 악화시키며, 때로는 유명인들의 자살이 자극적으로 보도되어 우울한 분위기를 만들어내는 우울하기 쉬운 사회인 것이다.

이 중에서 모든 정신질환의 시초 단계라고 보여지는 우울증에 대해 좀 더 생각해보자. 책 "신경 끄기의 기술"이라는 책을 쓴 마크 맨신은 한국의 문화의 활발한 세계화에도 불구하고 왜 한국은 우울증 환자가 많고 증가하고 있으며 자살율은 연속적으로 세계 1위를 기록하고 있는가를 알아내기 위해 한국을 취재했다(JTBC 2024.1.29 뉴스).

심지어 그는 그의 취재 영상 제목으로 "한국은 세계에서 가장 우울한 나라"라는 제목을 달 정도였다. 그의 취재 결과 그가 내린 결론은 딱 하나, 지나친 경쟁이다. "빨리빨리"로 대변되는 한국 문화에서 이에 더해 가해지는 가치는 "잘"이다. 빨리빨리 잘해내야 생존할 수 있는 나라가 대한민국이라는 것이다. 그는 한국 사회가 자본주의의 단점만이 지나치게 강조되는 사회라고 진단한다. 행복의 최우선 조건으로 건강을 꼽는 서구 사회와 비교되는 질 나쁜 자본주의 가치관, 즉 언제나 경제적으로 자유로워야 한다는 것이다. 무슨 수를 쓰든 경쟁에서 이겨야 대접받고, 인정받으며, 심지어 경제적인 자유도 얻어낼 수 있는 것이다. 그러나 경쟁에서 앞서는 자는 언제나 소수이다. 절대 다수가 낙오나 루저의 낙인 속에서 괴로워하는 사회인 것이다.

실제로 한국인의 우울 지수는 몇 년간 계속적인 증가 추세를 보이고 있으며, 2022년 우울증으로 진료를 받은 사람이 100만 명으로 2018년 대비 32.8%가 증가했고, 진료비는 5378억원으로 역시 2018년 대비 2000억원이 증가한 수치이다. 행복의 최우선 조건으로 건강을 꼽는 서구 사회와 비교되는 질 나쁜 자본주의 가치관이다. 이러한 우울함에서 벗어나기 위한 방법은 있을까? 우울함은 우리의 인생이 뭔가 잘못되었다는 뇌와 몸의 신호이다. 그러나 생각해 보자. 우리는 살아오면서 우울한 경우를 만나지 않고 살아왔는가? 우울감은 인체의 당연한 반응이다. 자신뿐만 아니라 주변 사람들이 내가 알 수 없는, 때로는 당사자도 알 수 없는 우울감에 빠져버리는 경우를 보았을 것이다.

선진국 지표라고 일컬어지는 핵가족과 산업화가 진행된 나라일수록 자살율이 높아지는 경향이 뚜렷하다. 영국 정부는 2011년 "정신건강 없이 국민 건강 없다"라는 캐치프레이즈를 내걸고, 2018년에는 고독부(자살 예방부)를 설치했다. 정신건강 문제에 국가가 적극적인 행정력을 동원한 것이다. 대한민국은 세계가 인정하는 선진국이다. 정신건강 문제가 급증할 것이라는 예상되는 시점인 것이다. 한국의 안전 보고서(통계청 2022)에 의하면 1993년 교통사고 사망자가 13,429명이었는데 2022년에는 3000명으로 줄었다. 어떻게 줄었을까? 이것은 끊임없는 법적 장치 개발과 교통 인프라의 개선, 시민 의식의 변화가 만들어낸 극적인 수치이다. 그러면 현재 인구 십만 명당 24.1명의 자살률(연간 13,000명), 치욕적인 OECD 최고의 자살률은 줄일 수 있을까?

잠깐 동안의 감기는 쉬면 낫지만, 오래가면 합병증이 발생하여 병원에 가야 한다. 정신질환도 마찬가지다. 본인은 물론 가족이나 주변인도 관심을 갖고 누군가의 마음의 아픔이 지속되고 있다고 생각되면 병원에 가야 한다. 전문가의 도움을 받아야 하는 것이다. 전문가의 도움을 꺼려하지 말자. 행복지수 2위의 덴마크는 국민의 1/7이 정신과 진료를 받는다고 한다. 몸 건강을 위해 트레이너의 도움을 받듯, 정신 건강을 위해 전문가의 도움을 받는 것을 당연히 받아들여야 한다.

아픈 사람은 치료를 받아야 한다. 자살률로 보아 마음이 아픈 사람이 너무 많은 대한민국 사회, 그리고 아플 확률이 높은 우리들. 감기에 걸리면 병원에 가고 약을 먹고 쉬듯, 마음이 아프면 병원에 가고 약을 먹고 쉬는 것이 이상한 것이 아닌 사회를 만들어가야 한다. 이런 사회를 만들기 위해서는 개인의 노력과 더불어 적극적인 행정력의 개입이 절

실하다. 아픈 사람이 나쁜 사람이 되지 말아야 하는 세상을 만들어가
야 한다.

안락한 안식처 뿌리샘 소망은 그리스도의 마음입니다.

김주삼

복잡하고 치열한 경쟁이 가속화되는 현실 속에 긴장과 스트레스로 인한 정신 장애는 갈수록 증가하고 있습니다. 정신 장애인은 사회가 포용하고 함께 하려는 공동 책임 인식을 가져야 하지만, 이에 대한 무관심과 낮은 사회 인식으로 인해 정부의 대비는 아직 기초 단계에 머물러 있습니다.

뿌리샘이 고마운 것은 사회가 책임져야 할 일을 앞장서 실천해 주고 있기 때문입니다. 뿌리샘은 병원 치료를 마쳤으나, 약물 치료와 함께

꾸준히 관찰과 보호가 필요한 정신 장애인이 가족을 떠나 독립하여 살아갈 수 있도록 공동 생활 가정을 운영하고 있습니다.

소사본동 주택가에 자리 잡은 정신 장애인 공동 생활 가정은 처음에는 주민들의 컴플레인이 많을까 걱정도 있었으나, 인근 주민들의 이해와 배려 속에 안정적으로 정착했습니다. 뿌리샘 유병연 대표님의 평소 성당과 지역 사회 봉사 활동이 뿌리샘을 신뢰하는 데 큰 영향을 미쳤습니다.

병원 치료를 마친 정신 장애인이 갖는 희망은 가족 도움 없이 독립적인 생활을 하는 것입니다. 장애를 겪는 이들에게 원룸 형태의 공동 생활 가정은 꼭 필요한 필수 주거 시설입니다. 일반 시민들은 큰 관심을 갖거나 참여하기가 쉽지 않습니다. 이러한 사회 문제를 정부는 잘 알고 있을 것입니다. 정부가 정신 장애인 공동 생활 가정에 대해 관심을 갖고 더 확대해 나가기를 촉구합니다. 여기에 대한 관심과 예산 투자는 결코 헛되지 않을 것입니다.

우리는 건강한 정신질환자입니다.

류선영

이곳에는 네 명의 남자들이 함께 살고 있습니다. 역세권이면서 편의점 1분 거리에 방 세 개, 화장실 두 개가 딸린 실평수 21평 되는 빌라입니다. 매주 월, 수, 금요일에 각자 맡은 청소구역을 청소합니다. 돌아가면서 일주일에 한두 번 저녁식사 당번을 합니다. 쳇바퀴 돌듯 돌아오는 그 순서는 어지간해서는 바뀌지 않습니다. 한 번 바꾸면 헷갈리기 때문에 바꾸는 걸 좋아하지 않습니다. 각자의 위생 기준에 따라 매일 혹은 이틀에 한 번 샤워합니다. (솔직히 주말이 걸리면 3일에 한 번 할 때도 있습니다.) 평일 낮에는 일하러 가거나 재활센터에 다닙니다. 주말에는 해가 중천에 뜰 때까지 잘 때도 있고, 교회에 가기도 합니다. 네 명 다 아침과 저녁에 규칙적으로 약을 먹습니다. 각자 나이에 따라 다르지만, 최소 10년 이상 유지하고 있는 루틴이지요. 필요시 약을 먹는 분도 있습니다. 불안과 답답함이 갑자기 심해질 때, 혹은 잠이 너무 오지 않을 때만 먹는 그런 약이지요. 밤 10시가 되면 TV가 저절로 꺼집니다. 그러면 각자 자기 방으로 들어가 잘 준비를 하고 얼마 가지 않아 잠이 듭니다. 조현병이나 조울증 같은 정신질환을 앓고 있는 사람들이 모여 사는 공동생활가정 '세친구'의 이야기입니다.

세친구 같은 공동생활가정에 입소하는 분들은 대부분 조현병이나 조울증을 앓고 있지만 혼자 씻고, 먹고, 자고, 이동하고, 직업 활동을 하는 등 대부분의 일상생활이 가능합니다. 위에서 말한 것처럼 어느 정도 자립 능력을 갖춘 분들입니다. 그러면 그렇게 큰 도움이 필요하지 않으니 집에서 가족과 함께 살면 될 텐데 왜 시설에서 살지? 라는 질문이 생기지요. 세친구에 들어오려고 하는 분들에게 왜 여기서 살고 싶냐고 질문하면 '위생 관리가 잘 안 돼서', '일을 하고 싶은데 잘 안 돼서', '혼자 지내보니 외롭기도 하고 불규칙한 생활을 하게 되어서'라고 합니다. 보호자분들은 '내가 나이가 있다 보니 언제까지 뒷바라지해 줄 수도 없어서'라고 하시는 경우가 많습니다. 막상 입소 후 생활하는 모습을 보면 요리는 잘 하는데 샤워는 잘 안 하고, 회사는 잘 다니는데 약은 잘 안 먹거나, 약은 잘 먹는데 증상이 잘 호전되지 않는 등 다양했습니다. 사람마다 증상의 종류와 정도가 다르고, 그에 따른

대처 방법도 다릅니다. 당뇨·고혈압 같은 병의 원인과 치료 방법은 비슷하지만, 개인의 삶 속에서 그 원인을 찾고 생활 습관을 바꾸어 나가는 일은 쉽지 않은 것처럼요.

저는 세친구의 유일한 직원이자 정신건강사회복지사입니다만, 저라고 뾰족한 해결책이 있는 게 아닙니다. 처음 세친구를 상상하며 사업계획서를 작성할 때 미션을 '세친구는 서로에게 건강한 조력자가 되어주는 정신장애인 자립준비 공동체입니다.'라고 정했습니다. 그러나 미션은 미션일 뿐. 처음 3년 정도는 저 혼자 어떻게든 잘 해보겠다고 발버둥 쳤습니다. 내가 정신건강전문요원이니까 어떻게든 잘 할 수 있으리라 생각했던 것 같습니다. 그런데 잘 되지 않았습니다. 저나 생활인 분들이나 불만은 있는데 표현은 제대로 하지 못하고요. 지나고 보니 '아, 내가 미션을 잘 수행하지 못해서 이 고생을 했구나'라는 생각이 들었습니다.

저는 세친구에서 주 40시간 근무하지만, 우리 생활인 분들은 훨씬 더 많은 시간을 당신들끼리 부대끼며 살기 때문에 서로가 서로에게 건강한 조력자가 되는 것이 얼마나 중요한지 새삼 깨닫게 되었습니다. 생활인 분들의 성품이 기본적으로 선하기 때문에 남을 도와주려는 마인드를 갖고 있어서 그냥 돕다가, '좋은 게 좋은 거지'라는 분위기가 되다가 결국 사건이 터져야 마무리 되는 일들이 종종 있었습니다. 이런저런 일들을 겪으며 결국 다시 미션에 주목하게 되었고, 서로에게 조금 더 관심 갖고 건강한 생각과 태도를 보이기 위해 조금씩 연습하고 있습니다.

작년과 마찬가지로 올해 송년회에서 저는 세친구 분들과 인터뷰를 할 겁니다. "세친구에서 만난 사람들은 당신에게 도움이 되었습니까? 당신은 다른 사람들에게 도움이 되었습니까? 그 도움이 당신에게 어떤 영향을 끼쳤습니까?" 우리가 서로 주고받은 건강한 도움을 헤아려보며 감사 넘치는 연말이 되면 좋겠습니다. 여러분도 주변 사람들과 서로 주고받은 도움을 이야기하며 행복한 시간을 만들어가시면 좋겠습니다.

음악 미사와 함께하는 마음의 치유: 은혜병원 봉사 경험 이야기

박민섭

하느님의 사랑을 나누기 위해, 저는 6~7년 전부터 인천광역시에 위치한 은혜병원에서 정신적으로 고통받는 환자들을 위한 음악 미사 봉사를 해오고 있습니다. 처음에는 음악을 통해 작은 위로를 전하고자 했지만, 시간이 흐르면서 미사 속에서 하느님의 따뜻한 사랑과 치유의 힘이 환자들의 마음을 어루만지는 것을 깊이 느끼게 되었습니다.

미사를 준비할 때마다, 저는 환자 한 분 한 분의 눈빛을 떠올립니다. 그 눈에는 간절히 살아가고자 하는 소망과 퇴원을 바라는 절실한 기도가 담겨 있습니다. 그들을 마주할 때마다, 하느님께서 그들의 상처를 어루만지시고 치유해 주시기를 간절히 기도하며 미사를 준비합니다. 음악이 단순한 소리를 넘어, 그들의 영혼 깊은 곳까지 위로와 평화를 전할 수 있기를 바랍니다. 하느님의 은총이 그들 마음에 스며들어, 상처받은 영혼들이 조금이나마 위로받기를 기도합니다.

몇 달 전, 저는 잊지 못할 미사를 드렸습니다. 그날 처음으로 참석한 김 선생님은 몇 년째 병원에서 치료 중이었지만, 사람들과의 소통을 거의 하지 않고 자신을 꽁꽁 숨겨온 분이었습니다. 음악 미사에 참여한 것 자체가 큰 변화였기에, 저는 그분을 위해 특별히 기도드리며 미사를 준비했습니다.

미사 중 성가를 부르던 순간, 저는 하느님께서 김 선생님 마음속 깊이 닿아주시기를 기도했습니다. 그리고 믿기 힘든 일이 일어났습니다. 항상 무표정이던 김 선생님이 눈물을 흘리기 시작한 것입니다. 그 눈물은 마치 오랫동안 닫혀 있던 마음의 문이 열리는 듯한 순간이었고, 이후 김 선생님은 처음으로 자신의 이야기를 나누셨고, 그것이 그의 회복에 중요한 전환점이 되었다고 병원 관계자들이 전해주었습니다. 그 미사에서 하느님의 사랑과 음악이 그분의 마음을 열었음을 확신하며, 저는 더욱 봉사의 의미를 깊이 새기게 되었습니다.

미사가 시작되면, 저는 늘 하느님께서 환자들과 저를 감싸주시기를 기도합니다. 그들이 잠시라도 고통에서 벗어나 평안을 느끼고, 하느님의 사랑이 그들의 상처를 치유하시기를 바랍니다. 음악이 그들의 상처받은 마음을 감싸 안고, 그들이 새로운 힘과 희망을 얻을 수 있기를 기도합니다. 짧은 시간이지만, 그 순간들이 모여 그들의 치유와 회복에 한 걸음 더 나아갈 수 있기를 믿습니다.

이 봉사를 통해 저는 환자들의 고통을 더 깊이 이해하게 되었고, 하느님의 사랑을 전하며 그들과 함께 기도하는 이 일을 앞으로도 계속 이어가고 싶습니다. 정신 건강 문제는 우리 모두가 함께 기도하고 돌봐야 할 중요한 과제입니다. 환자들이 하느님의 사랑 안에서 치유되고 회복되기를 간절히 바라며, 그들과 함께한 시간이 제 삶에도 큰 의미로 남았음을 고백합니다.

이 글을 통해 많은 분들이 정신 건강 문제에 대해 공감하고, 함께 기도하며 하느님의 치유와 평화를 나누는 시간이 되기를 진심으로 바랍니다.

쉐어하우스와 특별한 이웃들

변가윤

내가 쉐어하우스에서 일하게 된 계기는 정말 우연이었을까, 운명이었을까? 나는 2010년 결혼하기 전까지 4년 동안 "꿈꾸는 집"이라는 주거시설에서 근무했었다. 근무하는 동안 많은 일들이 있었고, 너무 힘들어서 다시는 주거시설에서 일하지 않겠다고 다짐했었다. 밤과 낮의 구분이 없고, 입소 회원들은 다양한 증상들로 갈등과 재발이 반복했었다. 그 당시에는 8명의 회원들이 한 집에서 같이 살았는데, 그 중 가장 큰 방에는 5명의 회원들이 함께 생활했다. 나 또한 주 4회는 야간에도 근무를 해야 해서 사무실이 곧 나의 집이기도 했다. 일과 생활이 구분이 없고, 먹고자는 모든 생활을 회원들과 같이 했다.

내가 근무했던 14년 전 주거시설에 비하면 쉐어하우스의 주거 환경은 정말 많이 나아졌다. 1인실도 2개나 있고, 2명이 생활하기에도 넉넉한 큰 방이 있으며, 사무공간과 주거 공간이 분리되어 일의 집중도를 높여줄 뿐만 아니라 회원들이 함께 모여 프로그램도 진행할 수 있는 공간도 있다. 시설의 종사자로서 이렇게 좋은 환경에서 일할 수 있는 것도 정말 큰 행복이라고 생각한다.

하지만, 쉐어하우스가 이렇게 안정적이고 좋은 환경으로 되기까지 사실 어려움도 많았다. 처음에 집을 구할 때는 여기저기 10곳 이상의 집을 보러 돌아다녔다. 공동생활가정의 최소한의 기준을 가지고 돌아다녔지만 쉽지 않았다. 집주인에게 설명하는 것도 쉽지 않았다. 정신장애인이 생활할 곳이라고 하기에는 또 너무 편견을 가질 것 같고, 여자들이 생활하는 기숙사라고 하기에는 나중에 뭔일이 일어났을 때 거짓말한 것 같기도 하고... 솔직하게 정보를 전달하되 너무 편견을 가지지 않는 선에서 대충 마음의 준비를 하고 이곳저곳 마음에 드는 곳을 찾아 다녔는데, 그중 제일 깨끗하고 조용한 골목의 2층 집이 가장 마음에 들었다. 부동산에 먼저 이야기를 하고 집주인을 만나러 갔는데, 집주인 아주머니는 집 앞에 빨간 깃발을 보여주며 '살라면 살고 말라면 말라.'고 했다. 무당집이었다. 그렇게 쉐어하우스는 조용한 이 골목에

서 7년째 살고 있다. 지금은 그 무당 아주머니도 안 계시고 없지만 그 무당 아주머니가 아니었다면 또 쉐어하우스가 어떻게 바뀌었을지는 아무도 모른다.

토브 도예공방

우여곡절 끝에 새롭게 이사한 쉐어하우스 옆집은 다름 아닌 도예공방 이다. 도예선생님은 재주가 참 많다. 당연히 그릇도 잘 만드시지만, 흙 으로 뭐든 만드신다. 화분도 만드시고, 숟가락, 컵, 접시, 핸드폰 거치 대, 벽에 거는 장식품 못하는 것이 없으신데, 덕분에 우리 회원들이 마 음껏 손재주를 뽐낼 수 있게 되었다. 쉐어하우스에 입소하는 회원들 은 꼭 한 번 이상은 도예 수업에 참여하는데, 다들 흙으로 무언가를 만들어 본 것이 초등학교 때 이후 처음이라면서도 척척 잘도 만든다. 그리고 나면 도예 선생님은 동네 언니로 변신한다. 회원들이 시설장 인 나한테 이야기하지 못하는 다른 회원의 비밀이나 어려움들을 동네 언니한테 이야기하듯 금세 도예선생님과 친분을 쌓고 친해진다. 퇴소 후에도 도예선생님이 생각나 나 몰래 다녀가는 회원들도 더러 있었다. 그런 모습이 하나도 나쁘지가 않았다. 회원들이 이웃들이나 동네 언니 와 이렇게 친해지는 경험이 얼마나 있었을까 싶다.

골목대장 구역장님

우리 골목에는 소사본동 성당 구역장님이 사신다. 아직도 구역장님을 하시는지는 모르겠지만, 하여튼 구역장님은 정이 많으시다. 쉐어하우스를 처음 오픈하고 얼마 되지 않은 한겨울 어느 날... 날이 너무 추워 여기저기 동파 사고가 많았는데, 쉐어하우스에도 동파 사고가 났다. 방 전체가 물난리가 나고, 보일러가 작동하지 않는다는 연락을 받았는데... 당장 갈 수가 없었다. 10시가 훌쩍 넘은 늦은 밤이었고, 남편은 아직 귀가하지 않아 어린 아이들만 두고 시설로 갈 수가 없었다. 그래서 유병연 대표님께 연락을 했고, 대표님과 근처 사시는 주민분들께서 물난리를 해결해주셨다. 그날 구역장님이 집에 있는 전기 장판과 매트를 다 가져다주셔서 밤새 회원들은 평온하게 밤을 보낼 수 있었다. 또 구역장님은 건강하실 때는 온 동네 파지를 줍고 다니셨는데, 파지를 판 돈은 항상 쉐어하우스에 후원해주셨다. 파지를 산더미처럼 가져가도 몇 천 원 되지 않을 텐데, 어렵게 모은 돈을 하얀 봉투에 담아 가져다 주시면 그렇게 고마울 수가 없다.

특별한 수선집

우리 동네에는 유명한 수선집이 있는데, 365일 연중 무휴에 손님이 끊이질 않는다. 동네 어른들 중에 수선집에서 수선 한 번 안 해본 사람이

없을 정도인데... 잠깐만 자리를 비워도 손님이 금세 줄을 서는 것을 몇 번 목격했다. 또 그 수선집 사장님의 특별한 직업은 우리 동네 개척 교회 '목사님'이시라고 한다. 그래서 내가 수선집을 특별한 이웃이라 고 생각한 건 아니다. 이 수선집이 아주 특별한 이유는 우리 회원에게 남자친구를 소개시켜주었기 때문이다. 그리고 우리 회원은 그 남자친 구와 결혼했다. 서로 종교도 달랐다. 남자친구는 독실한 기독교인이 고, 우리 회원은 성실한 천주교 신자였다. 종교의 벽을 넘어 둘이 결혼 했고 지금도 아주 행복하게 잘 살고 있다. 그리고 부부는 명절 때마다 커다란 배상자를 가져와 수선집과 쉐어하우스에 주고 간다. 특별한 수선집 덕분에 우리는 명절 때마다 배를 배부르게 먹고 있다.

우리 골목은 곧 재개발이 된다. 벌써부터 재개발 이야기는 있었지만 그렇게 1년, 2년, 3년째 아직까지는 잘 살고 있다. 처음부터 우리는 쉐 어하우스를 오픈하고, 소개하고 동네 분들을 초대했다. 무당집에서 이사 나와 지금의 쉐어하우스로 이사했을 때는 동네 분들이 내부는 어떻게 생겼나 많이 궁금해하셨는데, 그럴 때마다 집으로 초대해서 구경시켜 드렸다. 그러니 오히려 회원들도 동네 이웃들에게 인사도 잘 하고 새로 온 회원들도 덩달아 같이 인사한다.

쉐어하우스가 당당하게 오픈할 수 있었던 것은 사실 유병연 대표님의 생각이다. 나는 주변에서 지역 주민들이 갖는 편견으로 많이 힘들어하는 시설들을 많이 봐왔다. 쉽게 오픈했다가 문 닫는 시설들도 많이 봤다. 그래서 오픈하는 것에 대한 두려움이 있었지만, 만약에 오픈하지 않고 지냈다면 이렇게 좋은 이웃들도 만나지 못했을 것 같다.

대표님의 오랜 꿈, 사회적 협동조합 뿌리샘의 존재 이유 "생활 지원 주택"이 다른 기존 시설이나 지원 주택과 차이점은 지역 주민들과의 소통 공간이 있어 지역 주민이면 누구나 언제든지 회원들의 주택을 방문할 수 있다는 점이다.

건물 한 채를 다 회원들만 이용하고 거주하는 곳이면 물론 회원들의 프라이버시는 존중받겠지만, 결국은 지역 주민들의 궁금증은 커져가고 근거 없는 편견과 불안감은 더욱 커질 수밖에 없을 것이다. 그래서 대표님은 주민들과의 소통을 항상 강조하신다. 회원들의 주거 공간은 확실히 분리하되, 건물 내에 주민들이 이용하거나 회원들과 함께할 수 있는 공간이 있다면 지금의 쉐어하우스처럼 지역 주민들이 곧 동네 언니가 되고, 이모가 되는 행복한 동네가 될 수 있지 않을까?

가족이 생겼다

복사골낭자

가족이 생겼다. 내 인생에서 예기치 못한 사건이 벌어졌다. 난 50이 훨씬 넘었구 지금으로부터 6년전 부모님 두분을 여의었다. 그 뒤 혼자살아야만 하는 상황이 벌어졌다. 피붙이 형제자매가 있으나 같이 살 형편이 되는 형제자매는 없었다. 현재 나에게는 언니 한분과 남동생 두명이 있다.

그런 나에게 여동생들이 생겼다. 우리는 핏줄을 나누지 않았지만 같이 밥을 먹고 한지붕 아래에서 잠을잔다. 그야말로 식구다. 내 인생에서 한번도 생각지 못한 사건이지만 내 삶속에 여동생들이 들어왔구 게다가 올해엔 이룸의 남자형제들도 생기기 시작했다. 내 말인 즉 brothership이 느껴진다는 것이다.

나는 정신과 약물을 복용하는 환자다. 그리고 공동생활가정이라는 시설에 기거중이다. 물론 시설기거기간이 정해져 있고 독립이라는 과제가 남아있다. 여기 쉐어하우스에서 만나는 동생들이 나의 식구들이며 이룸이라는 남자시설이 형제들이다. 병의 특질상 수다스러운 면이 많지 않지만 같이 공유하는 활동이 있다보니 남모르는 기도로써 모든 형제자매를 응원하게된다.

가족, 현재의 식구(食口)들은 우리 자매들의 공통점은 같은 병을 앓고 있다. 그래서 정신과 약물을 복용한다. 우리식구 모두는 인생에 있어서 예기치 못한 병을 앓게 되어서 모두를 당혹스러운 시간을 보냈다. 쉐어하우스에 거주하게 되면서 더 병식이 생겼고 병을 수용하게 되었으며 함께 회복의 길을 걷고 있다.

쉐어하우스와 이룸은 골목한개를 두고 살아가는 여자공동체와 남자공동체이다, 그사이에 토브라는 도예공방이 있고 토브에서 도예수업과 문학수업을 통해 만나는 이룸형제님들과 수업의 횟수가 늘어나는만큼 동병상련의 정도 생겼다. 얼마전 토브선생님이 빵을 후원해 주셨다. 우리가 먹기에는 빵의 양이 많았다. 순간적으로 이룸이 떠올랐고

삼분의 이 가량의 빵을 들고 이룸으로 향했다.

사실상 이룸형제들을 생각하면 맘이 짠하다. 왜냐면 우리 형제님들이 요리하는데 많이 서툴기 때문이다. 그런데 근래에 포항제철형제(별칭)님이 들어오셔서 웬지 안도감이 느껴졌다. 기존의 형제님들의 부족함을 잘 챙겨줄 것 같은 능력이 있어보였다.

오늘은 김칫통을 들고 간다. 나는 젊은날 김치를 한번 담아보고 김치요리를 포기했었다. 그런데 고맙게도 토브선생님이 이번엔 김치두통을 우리집에 놓아두고 가셨다 그래서 한통을 이룸에 가져다 주었다. 형제님들이 김치요리를 한다는 것은 하늘의 별따기 같은 요리일 것이다. 형제님들의 거주하는 하얀대문 앞에 이르자 수리공(별칭)님이 키우는 상추가 여릿여릿하게 커가고 있었고 현관문을 열고 들어가는 이층계단엔 운동화 두켤레가 나란히 놓여있었다. 똑똑 두드리고 "쉐어(share)하우스에서 왔어요"라고 말하니 늘 편찮으신데가 많아 오늘도 목에 기브스를 한 알랑드롱님(별칭)이랑 포항제철 형제님이 나오셨다. 다행이었다! 왜냐면 지난번 김치를 후원받았을 땐 냉장고에 넣지않고 상온에 그냥 방치해 놓았을 정도로 형제님들의 요리실력은 그러했다!

그런데 포항제철님이 김치를 기쁘게 받아들고 '냉장고에 넣어야한다'
는 내말에 냉장고에 김칫통의 칸을 확인하셨다. 내가 담은 김치는 아
니었지만 가져다주는 내 맘도 뿌듯했다! 우리 자매들보다 형편이 좀
어려워보이는 이룸형제님들이 정신재활센터에 도시락을 싸들고 다니
는 모습을 보면 내심 안심이 되었다. 왜냐면 인스턴트라면과 삼각김밥
을 드시곤 하셨기 때문에 말로 표현하진 않았지만 내심 우리자매들과
점심을 먹으면서도 늘 신경이 쓰였기 때문이다.

나는 쉐어하우스와 이룸의 형제자매들이 많은 말로 수다스럽게 떠들
지 않지만 묵묵히 서로서로 깊게 응원하는 맘이 있는 형제자매라고 믿
는다. 왜냐면 우리들은 같은 병을 앓고 있으니깐 말하지 않아도 증상
을 이해하고 독립의 삶을 배워나가는 공통점들이 하루하루를 함께 응
원하고 있다. 오늘도 문학수업에서 만남을 함께한다! 많은 말이 오가
지 않지만 만날때마다 속으로 응원한다! 행복한 하루가 되길……

가족이 생겼다. 쉐어하우스와 이룸의 식구들. 나의 가족이다!

마음의 이야기

소유미

아이를 가르치는 교육 일을 하며, 사려 깊고 배려심 많은 사랑 속에 어려운 이들을 보면 측은지심으로 도와주는 따뜻함이 있는 반면, 까칠하고 이성적인 성품에도 유머스러움과 나눔, 챙길 줄 알며 열심히 살던 그녀!

외국인을 만나 타국 생활에 즐거워 보였던 그녀에게 갑자기 찾아온 정신적 아픔. 우리는 청천벽력 같은 이 소식에 황당했고, 아픈 모습들의 행동에 대안이 없었다. 본인은 얼마나 당황스럽고 고통의 나날들이었을지? 자신 스스로 통제할 수 없어서 의도치 않은 행동들이 정신적 아픔과 싸우고 이겨내느라 얼마나 무섭고 외롭고 괴롭고 힘들었을

지…

병에 대해 무지했던 우리 가족은 여러 병원을 다니며 상담도 해보고 자료도 찾아보았지만, 현실에 일어나는 일들에 대응은 미비했고, 그녀는 부작용이 있는 약물 거부로 오는 후유증 여파로 나타나는 여러 상황들에 우리는 대처가 미비했고, 서로의 갈등 속에 쌓여가는 불화로 소통 거부까지 이어지는 안타까움에 마음이 아팠다.

이렇게 힘든 긴 시간 속에 어느 날 사고로 인한 부모님 부재로 그녀의 정신적 아픔 강도는 더 극대화되었고, 공동 사회와 부딪힘 속에 행정 입원이 시행되었으며, 1년이라는 긴 시간의 힘든 병원 치료를 받게 되었다. 병식은 당연히 없었고, 약 부작용으로 인한 투약 거부와 아픈 환자들과의 자유롭지 못한 단체 생활의 공간 불편함을 호소하였지만 감내해야 했던 괴로운 병원 생활이 힘든 나날들이었을 텐데, 장기간 치료에 잘 참고 견뎌주었던 그녀에게 고마웠다.

장기 입원 생활에 병원 원장님의 친절한 진료 상담과 투약 조절, 환자와의 소통과 공감으로 차츰 병세 호전과 부작용도 감소하였고, 규칙적인 투약으로 회복 속도는 날로 좋아지면서 퇴원과 함께 사회에 복

귀할 수 있는 시간이 주어졌지만, 아직 병식도 투약도 독립할 수 없는 상황이었기에 병원 원장님과 관계자분, 사회복지사분들의 도움으로 환우들의 공동생활 단체인 쉐어하우스로 입소할 수 있는 행운의 기회가 생겼다. 그곳은 젊은 친구들이 대부분이었기에 나이가 있는 그녀에게 잘 적응할지 불편함이 없을지 염려와 걱정도 되었지만, 뿌리샘 대표님과 쉐어하우스 원장님의 따뜻한 사랑의 배려, 관심 보살핌의 손길로 잘 적응할 수 있었고 빠른 시일 내에 안식과 평안을 찾았으며, 삶의 만족도도 높았다. 쉐어하우스는 환경의 질도 높고, 청결하며 예쁜 인테리어에 가전, 가구, 모든 생활 필수품이 잘 갖추어진 편안한 안식처이다.

약물 관리는 물론 주기적 건강 검진 관리, 각종 문화 행사, 여행, 취미, 운동 활동 등 미래의 주거지 준비를 위한 청약 저축 지원이며, 요리, 청소, 세탁, 집 관리, 경제 관리 등 독립할 수 있는 관리 시스템이 잘 갖춰져 있고, 가족들보다 더 큰 사랑과 관심으로 식비며 피복비까지 모든 지원도 아끼지 않았다. 원장님의 무한한 봉사와 수고에 감사할 따름이다. "너무 감사합니다."

또한, 뿌리샘 대표님과 쉐어하우스 원장님의 주기적 병식 교육과 매일 약물 관리에 세심히 신경 써 주시기에 스스로 병원 진료나 정기적 약 처방도 받게 되었고, 건강 활력도 생겼으며, 함께하는 동료들과의 교감, 소통은 물론 원장님의 지도편달 도움으로 병식의 깨우침을 점점 인지해 가고 있었다.

먼저 입소해 있던 환우들이 부족했던 학업의 교육 지원을 받으며 졸업장도 소지하게 되고, 취업을 위한 자격증 취득 후 취직도 하며 독립해 결혼도 하는 사례들을 보고 듣고 느끼면서 그녀도 스스로 자기 개발을 위한 공부를 하며 바리스타 자격증을 취득 후 히즈빈즈 카페에 취업해 일하는 기회도 생겼고, 힘들었지만 잘해왔다.

그리고 주간 재활 시설에서 동료 지원이라는 프로그램 교육도 받으며 같은 동료들의 아픔도 나누고 어려운 일도 서로 소통, 공감의 활동도 하게 되면서 지금은 공동생활에서 익힌 모든 시스템을 통한 독립을 꿈꾸며 홀로서기 준비하는 과정에 서 있다.

너무나 모범적으로 공동생활 규칙과 자기 건강 관리, 자기 개발, 경제 관리까지 잘 해내고 잘 지내고 있는 그녀에게 "너무 잘하고 있어!" 칭찬과 응원의 메시지를 보내본다.

지난 정신적 아픔으로 모든 일상을 잃어버리고 힘겨운 싸움과 고난의 고통의 나날들로 지쳐 있을 때, 희망을 꿈꾸게 해준 이곳에서 평화를 찾았고, 삶의 질이 달라지고 평온해진 모습을 보면서 쉐어하우스의 공동생활을 적극 지향하며 정신적 아픔으로 고통받고 있는 회원들과 그의 가족들에게 적극 권장을 전하고 싶다.

한 가지 아쉬움은 입소 기간이 최대 5년이라는 점과 이렇게 좋은 시설이 아직 많이 부족하다는 점이 안타깝지만, 더 많은 시설을 마련하기 위해 지금도 여념없이 노력하고 계시는 뿌리샘 대표님과 이 분야의 소속 관계자분들께 좋은 희소식으로 우리 회원 가족들에게 희망과 소망이 찾아오길 바랄 뿐이다.

쉐어하우스 회원 여러분! 이젠 아프지 않고 더 나은 밝은 미래를 꿈꾸는 씩씩하게 잘 살아갈 용기의 박수를 보냅니다. 그리고 뿌리샘 대표님과 쉐어하우스 원장님! 무한한 사랑과 배려로 울타리가 되어주심에 감사드리며, 눈높이 맞춤으로 친절하게 진료 치료해 주시는 병원 원장님! 배움의 문을 열어 희망을 주시는 주간 재활 시설 관계자분들, 사회복지사님들, 그 외 후원의 손길로 도움 주신 분들의 따뜻하고 사랑의 관심으로 돌봐주신 모든 분들께 두 손 모아 감사를 드립니다. 감사합니다.

문학수업을 마치며

손상희

사월, 공동생활가정인 쉐어하우스와 이룸, 두 기관 7명과 문학 수업을
시작하였다. 첫 수업에서 이름을 부르기보다는 사물이나 성격 혹은 특
징으로 이름 대신 별칭을 짓기로 했다. 무엇이든 고쳐주고 싶다는 '수
리공'님, 30대 교회 선생님일 때 행복했었던 추억을 그리는 '교회선생
님', 학창 시절 멍청이라고 불렸던 별명이 싫었다며 이제는 맺힌 마음
을 풀 듯 멋진 '아랑드롱'님, 향기 나는 삶을 살기를 바라는 '향수'님,
어여쁨으로 꾸며주는 형용사가 아닌 예쁨을 가지고 싶은 명사형을 넣
어 '어예쁨숙이'님, 그리고 '복사골 낭자'와 '포항제철'님, 그리고 따뜻
한 볕을 나누고 싶은 나 '햇살'로 별칭을 짓고 부르기로 했다. 특히 '수
리공'님과 '교회선생님'은 수식어로 '마음씨 착한'을 넣어 부르기로 했
다.

1차시 텍스트는 '너는 누구니?'라는 그림 동화를 읽어주며 동일시로 질문과 이야기를 나누었다. 동화의 주인공을 만나고 '나'라면 어떨까? 하며 서로의 생각을 나누며 7명 안에서도 생각이 다름을 음악의 악보처럼 도미솔 파라시처럼 노래하듯 나누었다. 옳은 것은 없다. 각각의 음계는 선율처럼 흐를 뿐이다. 2차시 '프레드릭', 3차시 '난 말이야'의 동화 속 주인공을 만나며 구체적인 '나'를 만나고 다독이며 꾸밈없는 마음을 나누고 쓴 글을 모두 발표하고 들었다. 때론 위로의 말을 건네기도 하고, 때론 서로의 상처가 약이 되어 모두가 힘들었음을 마음을 싸매며 나만 그런 것은 아니구나로 적잖이 거품을 걷어냈다. 문학 수업은 마음 아픈 사람을 이해해 가는 시간으로 번져나갔다.

4차시 '도깨비를 빨아버린 우리 엄마'의 엄마처럼 '아랑드롱'님, '향수'님, '어예쁨숙이'님은 유년 시절, 학창 시절, 20대와 30대의 잊고 싶은 기억들을 검은색, 회색으로 마음에서 빼내며, 빼낸 그 마음엔 다소곳이 빨강색, 노랑색, 파랑색으로 풀잎 하나, 작은 꽃 하나를 그려 넣었다. 글을 쓰는 그 손끝에 눈물이, 아픔이, 고통이, 슬픔이, 후회도 흔들리며 떨린다. 한때 폭풍우가 지나간 그 자리를 다시 고운 흙으로 덮으며, 그 사이 1차시의 토분에 심은 씨앗들이 땅 속 어둠을 뚫고 푸른 하늘을 향해 피기 시작했다. 쏘옥쏘옥 올라오는 연두싹을 보며 복사

골 낭자님은 그 작은 싹을 보며 감탄한다. 조금 더 지나면 노란 꽃을 피워내고, 성실한 하루가 모여 삶의 꽃말을 만들 것이다.

5차시 '42가지 마음의 색깔'을 통해 잊었던 감정들과 잃어버린 감정들, 그리고 새롭게 가져야 할 감정들에 기지개를 켜듯, 만세를 부르듯 단어들을 읽으며 연습도 하고 기억의 줄을 당긴다. 그동안 쓰지 않았던 유쾌한, 흥겨운, 만족스러운 등에 단어를 소리 내어 본다. 마음씨 착한 '교회선생님'은 아버지와의 대화에서 감정 언어로 연습을 해보았다. 단답형으로 늘 끝나는 길게 얘기할 수 없었던 것을 바톤을 주고받듯 말을 이어보았다. 보리꽃처럼 웃는다.

문학 수업을 하며 수업 일지에 붙일 사진을 앞 가게 수선집의 은퇴한 목사님께, 옆집 한별 미장원 원장님께, 때론 밑에 집 아저씨께 수업 사진을 부탁했다. 못 찍는다며 말하면서 기꺼이 찍어주신다. 옷 수선집, 미장원 모두 쉐어하우스와 한 집 너머의 집이다. 이웃사촌인 것이다. 한 골목 안에 산다. 이 골목엔 수국이 많은 마음씨 좋은 반장님 댁과 백일홍이 피어있는 통장님, 한쪽 귀퉁이에 상추를 심은 은회색 베르나 차를 가진 아저씨도 있다. 만나면 '안녕하세요' 인사를 한다. 우리의 눈과 귀가 열리는 순간이다. 인사를 하며 친근함을 나눈다. 문학 수업은 회기를 더해가며 시를 쓰고 에세이를 쓰며 문학의 재미를 알게 되었다는 복사골 낭자님의 한마디에 한 줌의 햇살이라도 주려고 했던 '햇살'의 별칭을 썼던 나도 감사한 마음을 갖는다. 복사골 낭자님에게 따뜻하게 손을 잡는다. 마주 본다.

골목 안에서 눈과 입과 귀로 안부를 묻는 것, 그것이 흔한 일이 아닌 귀한 것이다. 함께 살아가는 것이 음지가 아닌 모두가 양지 바른 것이다.

이해심 많은 아버지

수리공

중고등학교 시절, 아버지는 활동을 많이 하셨던 분이셨습니다. 아버지는 체육대회 날에 체육부장을 맡아 하셨습니다. 제가 사회에 나와 직장인이 되었을 때, 아버지는 신문사를 오픈하셨습니다. 장애인 인권협회라는 단체였습니다. 비록 오랫동안 하시지는 못하였지만, 아버지가 사건이 일어나면 기자로서 취재를 해오는 모습을 몇 번 보았습니다. 저는 기자증을 발급받지는 못했지만, 아버지와 사건이 일어난 곳에 취재를 나갔던 적이 있었습니다. 집에서 조금 거리가 있었던 강화도 대곳이라는 곳이었습니다.

시장에서 대하를 파는 곳이었는데, 대하(새우)를 소금구이로 요리해 먹는 것이 대박이 났다는 것이었습니다. 저도 먹어봤는데 맛이 있어서 많이 사 먹고 갔던 기억이 납니다. 저번 주에 김포에 아직 살고 계시는 아버지를 만났습니다. 아버지는 현재 나이가 78세 정도 되십니다. 현재는 집에서 휴식을 취하시는 것 같아 보였습니다.

저는 아버지 댁에 가면 집 청소를 해드리고, 같이 식사를 합니다. 이번에 갔을 때도 집 청소를 하고 식사를 하면서 대화를 많이 나눴습니다. 아버지께 요즘 커피 공부를 한다고 말씀드렸는데, 아버지께서는 커피 공부를 할 거면 차라리 특수 차량(굴삭기, 포크레인) 공부를 하는 게 더 낫지 않겠냐고 하십니다. 저도 특수 차량 운전에 관심은 있습니다. 하지만 쉽지가 않아 보입니다. 커피 공부는 그렇게 어렵게 생각되지는 않습니다. 커피를 어렸을 때부터 마셔왔고, 평소에도 자주 마시는 음료여서 그닥 어렵게 느껴지지는 않았습니다. '바리스타'는 커피숍에서 일하는 '사람'을 의미합니다. 할 수 있는 것부터 시작해보려 합니다.

저는 아버지 나이가 너무 많으셔서 걱정이 많이 됩니다. 얼마 전에 어머니께서도 하늘나라에 가셨는데, 아버지도 갑자기 아프실지 몰라 걱

정이 듭니다. 아직 아버지께 효도도 못해 드린 것 같은데, 일찍 돌아가실까 봐 걱정이 많이 듭니다. 저의 바람은 아버지를 모시고 같이 살고 싶습니다.

아버지와 같이 살 때 1톤 트럭을 빌려 폐지 고물을 주워 고물상에 파는 일을 했습니다. 3만 원가량 수입이 되었는데, 몸을 많이 쓰기 때문에 아버지가 힘들어 하셨습니다. 그럴 때마다 저도 걱정이 앞섰습니다. 전에 일할 때는 일을 조금밖에 못해서 아쉬웠지만, 기회가 된다면 폐지 줍는 일을 오래 해보고 싶습니다. 아버지와 같이 일했을 때 아버지가 밥을 항상 사주셨었는데, 밥 값을 제가 냈어야 했는데 아버지가 항상 계산을 하시는 것이 죄송하고 미안했었습니다.

아버지가 현재 경제적인 문제로 힘들어 하시는 것 같은데, 제가 도와서 경제적인 문제를 해결했으면 좋겠습니다. 매월 용돈도 드리고, 시장에서 반찬거리도 사오고 그랬으면 좋겠습니다. 이번에 김포에 갔을 때도 아버지가 식사비를 내시면서 삼겹살을 먹게 되었습니다. 제가 내겠다고 몇 번 말씀드려도 아버지가 계산을 하였습니다.

이번에 집에 가면서 동광 임파워먼트 센터에서 받은 선물을 아버지께 갖다 드렸습니다. 선물은 양말, 바디로션, 수세미, 때밀이 등이었습니다. 아버지께서 생활하시는데 도움이 되었으면 좋겠습니다. 아버지는 제가 어렸을 적부터 김포에 계속 살아오셨습니다. 일도 김포에서만 하셨습니다. 아버지는 고향을 좋아하시는 것 같았습니다. 집도 김포에 있으십니다.

그리고 아버지께서 좋아하시는 게 있는데, 학교 졸업앨범을 계속 모아두신다는 것입니다. 그래서 아버지 댁에 가보면 초, 중, 고, 대학교 때 졸업앨범과 사진들이 있습니다. 제 것만 있는 것이 아니라 누나들 앨범과 사진도 있습니다. 과거를 잊지 않고 사시는 것 같습니다. 오랜만에 졸업앨범을 보니 학교 다닐 때 같이 생활했던 친구들 생각이 많이 났습니다. 몇 년 전에는 친구 집에도 놀러 가보고 했었는데, 요즘에는 그렇게 찾아가 보지도 못했습니다.

제가 전화를 드리면 좋아하시는 것 같습니다. 앞으로 자주 연락을 드려야겠습니다. 그리고, 시간을 내어서 아버지와 여행도 다니고 싶습니다. 아버지와 김포에서 살기만 했지 멀리 여행을 가본 적이 없었습니다. 아버지와 바닷가로 여행도 가고 싶고, 지방으로 여행도 가보고 싶습니다. 산으로 여행도 다니고 싶습니다. 맨날 불평불만했던 것 같아 죄송합니다. 이제는 아버지의 마음을 생각합니다

사랑하는 아버지, 어머니

아랑드롱

아버지와 어머니는 구순이 넘었습니다. 정답지 않은 아버지시지만 나이가 드시니 안쓰러운 마음이 들고 잘해 드리고 싶은 마음이 커져 갑니다. 나의 어머니는 92세로 키가 많이 줄어들고 얼굴에 주름도 많고 머리는 하얗습니다. 어머니는 나에게 선지해장국, 김치국을 특히 잘해 주셨고, 어머니의 갈비는 눈이 번쩍 뜨일 만큼 맛있습니다. 고등어, 꽁치, 조기를 맛좋게 구워 주시고, 매콤한 김치는 엄마의 김치구나 느낄 수 있습니다. 밥을 먹고 나서는 사과도 깎아 주시는 어머니를 보며, 어린 시절 공부도 못했는데 성심성의껏 잘해 주셔서 좋습니다.

명절 때는 수정과며 식혜도 해 주시고 그런 어머니가 좋습니다. 늘 고생만 하신 어머니, 마르고 닳도록 내가 많이 고생만 시킨 어머니, 죄송

합니다. 이대로 계속 살아 계셨으면 좋겠습니다.

뒤돌아보니 중학교 때 친구들에게 많이 맞았습니다. 힘들었지만, 그 때도 내 편이 되어 주지 않으셨습니다. 억울했습니다. 뭐라 하지 못한 내가 바보 같았습니다. 내 자식한테는 교육을 잘 시켜야겠다.

그래도 지금 나는 아버지가 오래 살았으면 좋겠다고 생각합니다. 아버지가 지금은 나이가 들어 거동도 불편하고 어려운 고비도 몇 번 넘기셨습니다. 하루빨리 아버지하고 사이가 좋아져야겠습니다. 친해졌으면 좋겠습니다. 노력을 하고 있습니다. 구정 때 집에 가고, 추석 때도 집에 갑니다. 아버지는 외아들이라서 그런지 말이 없으십니다. 그러나 어머니는 띵동하면 반갑게 나와 맞아 주십니다. 돈도 조금 주시고, 어쩔 땐 10만 원도 줍니다. 많은 돈은 아니지만 쓸 때 좋습니다.

어머니, 아버지와 여행을 가고 싶습니다. 돈을 모아서 가까운 나라 베트남, 태국, 일본에 갔으면 좋겠습니다. 아버지께 정답게 이야기를 하고 싶습니다. 정답게 말해 주시는 아버지의 모습을 보고 싶습니다. 아버지께서 연로하셔서 저의 기억 속엔 정다운 아버지로 남기를 바랍니다.

늦은 나이에 결혼해서 첫 딸을 낳았다

양혜경

늦은 나이에 결혼해서 첫딸을 낳았다. 온 천하를 얻은 것만큼 큰 기쁨이 었다. 예쁘고 사랑스러운 딸은 별다른 점 없이 자라주었고, 건강하고 착한 아이였다. 남과 다른 점이 있다면 고집스러운 면이 있었다. 지금 생각하면 집착이 강했다고 할 수 있다.

학창 시절을 별 문제 없이 지낸 딸은 졸업 후 일하던 직장에서 넘어지는 사고가 있었다. 왼쪽 다리를 심하게 다쳤다. 무릎뼈가 부서지고 인대가 손상되어 9개월간의 병원 생활을 하게 되었다. 병원 생활이 길어지면서 딸의 성격이 변하기 시작했다. 20대 한참 활동해야 하는 나이에 깁스를 하고 병원에서 움직이지 못하는 생활을 하면서 얼마나 힘들었을까? 지금 생각해도 가슴이 먹먹하고 안타깝다.

그 과정을 지내면서 부정적인 성격이 부각되고, 치료를 거부한다던지 의사 선생님께 불손하게 행동하여 난처한 경우가 여러 번 반복되었다. 정신적으로 불안해하고 안정되지 않았다. 정신과 상담을 요청했고 치료를 시작하게 되었다. 그때 부모의 심정은 청천벽력과 같았다. 치료를 받으면서도 상황은 나아지지 않았다. 이성적인 판단보다는 모든 것을 부정하고 반항하는 태도로 일관했다. 누구와도 소통하지 않고 자기 생각 속에 갇혀 우울해하였고 주변을 힘들게 했다.

그러던 중에 또 다른 불행이 찾아왔다. 남편이 갑자기 건강에 이상이 생겼다. 검진 결과 희귀 난치성 혈액암이라는 엄청난 이야기를 듣게 되었다. 며칠 만에 온몸이 마비가 되어 움직일 수 없는 상황이 되었다. 포엠스 증후군이라는 예후가 최악이라는 진단을 받고 서울의 대학병원에서 치료를 시작하게 되었다. 남편의 병원 생활이 시작되었고, 딸은 퇴원하여 집에서 혼자 생활하게 되었다.

남편의 병간호에 매달리다 보니 딸에게는 소홀할 수밖에 없었다. 딸은 혼자 지내면서 병이 더 깊어져 갔다. 남편은 6년간의 긴 투병 생활 끝에 돌아가시고, 딸은 그 충격으로 더 힘들고 우울한 시간을 보냈다.

혼자 감당하기에 힘들 정도로 엄마인 나에게도 적대감을 표시하였다. 그러던 중에 지인의 도움으로 쉐어하우스 원장님을 알게 되었고 면담을 하게 되었다.

원장님의 여러 가지 도움 말씀을 듣고 입소를 결정했지만 걱정도 많았다. 처음으로 독립 생활을 하게 되는 딸이 염려되었다. 염려와 기대 속에 입소하여 2년 여름을 보내면서 딸의 변화를 보게 되었다. 원장님과의 작은 갈등도 있었고 어려움이 있는 가운데 지내면서 나름 성장했다고 할 수 있다. 지금은 혼자 독립해서 생활하고 있고, 도움 주시는 쉐어하우스, 원장님과 희망학교 선생님들의 도움 덕분에 홀로서기를 하고 있는 딸에게 응원을 보내고 싶다.

부족하지만 조금씩 늦은 성장을 하고 있는 딸이 대견하고 고맙게 생각된다. 주위에서 도움 주시는 모든 분들께 무한한 감사를 드립니다. 늘 감사합니다.

마음의 시선

어예쁨숙이

난 초등학교 때 축구도 좋아하고 달리는 것도 좋아했다. 그래서 운동회 때 항상 계주 주자였다. 초등학교 때는 활발했고, 밖에서 노는 것을 좋아했으며 공부는 거의 안 했다. 6학년 때 사춘기가 크게 와서 외롭고 고독스러운 게 심했다. 그게 중학교까지 이어졌다. 운동을 좋아했지만 몸이 따라주지 않아서 무릎 수술 후 슬럼프에 빠졌다. 보호대하는 것도 싫었다. 그래서 혼났던 적도 있었다. 그렇게 흘러 중학교에 입학하게 되었다.

중학교 때 두 번이나 학교를 갔지만 적응 실패로 관두게 되었다. 난 그때 학교도 나와 안 맞고 집도 나와 안 맞아서 심한 방황이 시작된

111

시점이었다. 집은 안 들어가려고 했다. 하지만 난 미성년자 신분 때문에 부모 아래 보호받아야만 했다. 그게 싫었다. 잠은 집에서 자라 했지만 난 뜻대로 되지 않았다. 민증 만들 때 하필이면 그때 돈이 없었다. 집에 있는 사람들로부터 돈에 대한 굴욕을 받았다. 그 땐 어쩔 수 없이 집에 있을 때였다. 이 위기만 넘기고 밖으로 나가겠노라 했다. 10대 때에는 집, 학교만 아니면 됐다. 그렇다고 밖에서 집을 얻을 수 있는 여건이 안 되어서 안타까운 나날이었다. 하루 벌어서 돈을 얻으면 그때 다 썼다.

이제 20살이 되었다. 보호자가 없어도 내가 어른이 되었다는 건 자유롭게 돌아다닐 수 있게 되어 좋았다. 20대 때 저축은 못했다. 하루하루 돈 쓰기 바빴다. 민증도 주소도 내가 해야 했었는데 못했다. 난 글러먹은 것 같다. 20살 때 결혼 시기도 놓친 나는 내리막길로 가는 줄 알았지만, 30세 때에 운명적으로 누군가 구원의 손길을 보내준 사람이 지금 내가 낳은 아기 아빠다. 난 갑작스런 아이의 출산으로 병원에 실려 갔고, 거기서도 나는 도움을 구했으며 병원에서도 나의 마음이 닿았는지 도와주셨다.

인터넷으로 모에 홀렸는지 미혼모 센터에 문의했는데 바로 선정되어 병원에서 나와 미혼모 센터로 가게 되었다. 어수선하였다. 난 아이 키울 자신이 없었다. 난 미혼모 센터에서 아이를 고아원에 보낼려고 했었다. 센터에 맞지 않은 행동이었다. 나는 아이랑 센터에 계속 있어야 해서 아기를 포기하지 않았다. 하지만 난 갑작스런 아이 출산으로 몸과 마음이 피폐되어 있었다. 아이한테도 정성스럽지 못했으며 아기를 처음 접한 나로서 매우 힘들었다. 아기는 낳았지만 내가 키우고 돌보기는 무리라고 판단하였다. 그때 구세주로 나타난 아이 아빠 때문에 아이를 아빠에게 맡기고 난 아우름 센터서 나오게 되었다. 그리고 그 후 난 기억이 끊기기 시작했다.

공동 생활 가정의 생활은 나에게 위기가 또 왔다. '다른 시설로 가면 담배를 피우고 살지 않을까?' 생각이 많이 들었다. 그래도 공동 생활 가정 면담서 나를 뽑아준 분의 보답으로 규칙을 잘 지키고 2인실 같이 쓰는 분한테도 민폐 안 끼치게 내가 노력하고 또 다른 공동 생활 가정에 계신 회원분들한테도 최대한 조심스럽게 행동하고 있었다.

얼마나 나는 공동 생활 가정에 있을까? 나는 얼마나 공동 생활 가정에서 버틸 수 있을까? 몸이나 생각이나 지배를 하였다. 공동 생활 가정에 대해 잘 몰랐던 공간에 있으면서 잘 있을 거라고 계속 주입시키고 있었다. 공동 생활 가정에 있으면 아기를 자주 볼 거라 생각했다. 한 달에 한 번 봤는데 한 달에 두어 번 봐서 보는 게 어딘지 좋았다. 아이 보고 난 후 심경 변화가 있지만 난 더 노력하기로 긍정적인 생각을 많이 하자고 마음 먹었다. 공동 생활 가정에 같이 지내는 분들은 매우 따뜻하고 자기 할 일 잘 하시고 본 받아야 할 부분도 많이 느꼈다. 약간 내가 주눅 들었지만 점차 나아지고 있는 모습을 보이기 위해 센터도 잘 나가고 땡땡이 안 치고 프로그램 참여하면서 나의 앞날을 생각하게 되었다.

공동 생활 가정 원장님 권유로 그리고 나의 의지로 중졸 검정고시도 보고 운 좋게 중졸 검정고시에 합격되었다. 취업할 때 이력서에 쓸 게 생겼다. 이젠 고등학교를 검정고시를 보느냐 학교 다니느냐 말이 있었다. 난 운 좋게 2년만 다니면 되는 학교를 알게 되어 원서를 넣었다. 붙었다! 입학증을 주니 좋았다. 학교 다니면서 얻고 싶은 게 많다. 나의 바램이다. 중졸 검정고시에 합격하고 공동 생활 가정에서 고등학교를 다닌다는 것이 신선하게 나에게 다가왔다.

나는 오전에는 정신 재활 센터에 다니며 오후 늦게 고등학교를 다닌다. 지금도 취업에 대해 욕구가 많고 학교 다니면서 학우들을 보면 웬지 내가 초라해 보이기도 하였다. 결혼도 다 하셨고 자식도 있어서 부러웠다. 안정된 삶, 나도 같은 학년 학우지만 실제 연령대는 나보다 20살 넘게 차이나는 분도 있고 80대도 계신다. 난 학교 갈 때마다 교탁에 선 선생님의 가르침을 못 따라갈 때도 있지만 난 시험만 잘 보면 되지였다. 학교 학우들 보면서 삶의 무게와 각 나이 때의 무게를 보며 자세도 배우고 앞으로 내가 가정에 대해 생각도 많아졌고 학업에 대해서도 많이 바뀌었다.

정신병 있는 나는 흔들리지 않게 정신을 많이 다잡고 있다. 몸이 못 따라줄 때도 있어서 몸을 어찌 챙겨야 할지 걱정된다. 운동은 해야 하는데 너무 둔해졌다. 체력이라도 챙기려고 일찍 자고 제 시간에 일어나고 약도 챙겨먹고 주치의와 상담도 하고 약을 줄이고 싶은 게 나의 마음이지만 나의 정신과 몸이 약으로 좀 치료된다면 약을 먹는 걸로 해소하고 싶은 작은 바램이다. 지금은 기초수급받으면서 잘 지내고 있다.

공동 생활 가정 가족분들을 소중히 여기며 존중하며 앞으로 돈독한 우애를 쌓아야겠다는 생각이 많이 든다. 센터와 학교지만 앞으로 바뀔 삶의 패턴을 염두에 두는 걸 잊지 않고 유지하는 걸 해야겠다. 공동 생활 가정 와서 새로운 출발로 여행을 제주도, 강릉도 가보고 문화 생활도 많이 즐기고 있다. 새롭게 기타도 배워보고 글을 쓰면서 생각이 너무 많아지고 글쓰는 거에도 아직 미흡한 부분이 많지만 쓴다는 거에 신기할 따름이고 글쓰는 거 이끌어 주신 분들께 감사함을 느낀다. 공동 생활 가정 있으면서 해야 할 것 최대한 할 것이며 앞으로 좋은 인연 만들어 갈 것이며 또 다른 나의 가정을 가지게 된다는 것도 염두에 두며 살아갈 계획을 꿈꾸며 가슴속에 새기겠습니다. 앞으로 힘찬 미래를 향해 한 발자국 걸어나가겠습니다.

이제, 나는 10대처럼 산다

어예쁨숙이

10살 되던 해 아버지가 돌아가시고

땅 위에 주저 앉았다

좋은 쪽은 없는거 같다

불량이였다

사고도 많이 쳤다 마음을 다 잡지 못했다

꽃보다 이쁜 10대가

어른이 되기만을 기다리는 검정색만 있는 때였다

20대 어른이 되었다

무엇이든 다 될 것 같았다

하고 싶은 것을 다했다.

울고 웃고, 반복적인 삶

행복한 나늘을 보냈다.

하지만 꽃다운 나이인데 하지 못한 일이 있어서 많이 아쉬웠다.

안정감을 가져할 30대

고난과 역경이 왔지만

긍정적으로 살아가려고 노력한다

10대 때 못한걸 고등학교에 간다.

아름다운 사람이 될 수 있는 나이가 되어야 할 것 같다.

그러기 나는 한발자국씩 앞으로 내딛는다.

나에게 물을 주고 꿈을 키우고

따뜻한 말을 주고 어른이 되고

초록색 싹을 틔우며 꽃보다 이쁜 30대가 되고싶다.

마음의 감기약

오광수

조현병이 무슨 병인 줄도 모르고 모모씨를 만나 살림을 했습니다. 처음에는 어린아이와 같은 순수했던 모모씨는 언어와 행동이 이상 했습니다. 겁도 나고 무섭기도 했습니다. 어떻게 살아가야 할지 막막하고 괴로웠습니다.

도대체 왜 하느님께서 저에게 모모씨를 보내 주셨는지 원망하며 날마다 눈물로 지냈 습니다. 그렇게 시간이 지나고 유병연선생님과 장모님의 말씀을 듣고 병원에 보호자 동의 입원 시키고 눈물로 하루하루를 보냈습니다.

도대체 조현병이 무슨 병인가 궁금했습니다. 검색을 해보니 정신분열증을 조현병으로 변경된 병 이름이었습니다. 왜 그런 병이 생기는지 알아 보았습니다. 검색을 하다보니 누구나 걸릴수 있는 병이라고 하며 스트레스를 풀지 못하면 마음의 병으로 시작해서 뇌에 이상이 생기는 병이라고 했습니다. 그렇게 시간이 3개월이 지나 퇴원을 하고 약을 잘 먹었습니다. 그러나 몇 개월 만에 또 입원하게 되었습니다. 이해가 되지 않았 습니다. 약을 잘 먹었는데 몇 개월 후 다시 증상이 나타나 또 입원하게 되었습니다. 그렇게 3번을 입원과 퇴원을 반복했습니다. 저도 지쳤는지 눈물도 안나왔습니다. 헤어질까 생각도 했습니다. 제가 해줄 수 있는 거라고는 간절히 기도하는 것 밖에 없었습니다. 하느님께서 왜 제가 감당할 수 없는 시험을 주신 것인지 원망하며 살았습니다.

의사선생님과 상담 하면서 가족의 헌신과 힘이 절실히 필요하다는 말씀을 들었습니다. 모모씨가 퇴원 후 저는 약 먹는 시간을 메모지에 적어 냉장고에 붙여서 같이 먹기로 했습니다. 저도 이명약을 먹고 있습니다. 약 만큼은 같이 아침, 저녁으로 마주앉아 먹고 있습니다. 기존에 먹던 약에서 추가된 약이 있는데 부작용이 있었습니다. 모모씨도 처음엔 부작용 때문에 약에 대한 거부 반응이 있었으나 오랜 시간과 노력

으로 인해 지금은 약을 알아서 잘 먹고 있습니다.

조현병 환자 특성상 약을 독약이라고 받아들인다고 했습니다. 저는 모모씨에게 말했습니다. 약을 약이라 생각하지 말고 하느님께서 모세에게 지팡이를 주신 것 같이 모모씨 삶을 행복하게 살게 해주시려고 하느님께서 모모씨가 살아가면서 넘어지지 않게 하기위해 모모씨에게 지팡이를 주셨다고 여기고 약이 모모씨에게 행복을 가져다 주는 하느님의 선물이라고 이야기 했습니다.

또한 하느님 앞에 설 때까지 먹어야 한다고 말했습니다. 세 번째 퇴원 후 지금 현재까지 살면서 중요한 것은 약을 먹는 훈련이 필요 했습니다. 부작용 때문에 약에 대한 거부 반응을 없애기 위해 저는 모모씨에게 약을 영양제라 생각하고 하느님께서 주신 행복이라고 말했습니다.

마음의 상처를 치료 하기 위해서 믿음과 사랑과 헌신이 강력한 치료제라 생각합니다. 모모씨를 치료 해주신 의사선생님과 모모씨를 위해서 날마다 밤낮을 가리지 않고 기도해주신 어머님과 유병연 회장님과 변가윤 원장님 그리고 안희자 목사님께 진심으로 감사드립니다.

이젠 부작용을 많이 극복해 없어진 듯 합니다. 지금은 사회생활과 성당과 동광모임을 통해 기쁜생활을 하고 있어 감사함으로 살아가고 있습니다.

마음의 병은 완치가 안되어 살아가는 동안 당뇨병을 앓고 있는 환자같이 평생을 약을 먹으며 치료받는 병인 줄 알고 있습니다.

조현병 치료는 사랑과 믿음과 기다림이라 생각합니다. 저는 모모씨의 병을 마음에 감기가 걸려서 생긴 병이라고 생각하고 싶습니다. 치료하는 기간은 언제까지 인지는 모르지만 조현병 앞에 설 때 까지 저는 모모씨와 함께 아픔도 슬픔도 늘 감사하며 살아가겠습니다.

정신장애인들이 주민들 속에서 함께 살아가기

유병연

'우리에게는 이 사람들을 변호해야할 이유가 있다. 그들 스스로 자신을 변호할 수 없기 때문이다. 정신이상의 해악 중 하나는 사람들이 그들의 말을 공정하게 들어주지 않는 다는 것. 또는 사람들에게 자신이 원하는 것을 알릴 수 없다는 점이다. ~~자신이 만들어낸 환영 앞에서 웅크리고 벌벌 떤다.' – 로버트 워터스턴 1843년

비록 거의 200년 전에 한 말이지만 조현병을 앓고 있는 분들의 입장을 잘 나타낸 말이라 생각한다. 조현병은 관리해야 하는 질환으로 지속적인 도움이 필요하다

일반적으로 중범죄를 지은 사람에게 가하는 형벌은 감옥에 가두는 것이다. 감옥에서는 의식주는 물론 건강까지도 관리해줌에도 감옥이 좋다는 사람은 없다. 자유가 없다는 것이 가장 큰 이유일 것이다. 인간에게 자유는 그만큼 소중한 가치이다.

입원생활은 사실상 감옥생활과 다름없을 뿐만 아니라 감옥보다 못하다 할 수도 있다. 감옥생활은 극소수를 제외하고는 언제 석방된다는 기간이나마 정해져 있다. 희망이 있다는 것이다. 그러나 정신건강병원에 장기적으로 입원해 계시는 거의 대부분의 환자들은 언제 퇴원 할지 알지 못한다. 퇴원의 희망이 없다. 그러니 좀 더 나아지는 것이 아니라 정신과 신체가 더욱 쇠약해진다.

최선의 방법은 이들이 가능한 한 빨리 사회로 나와 생활하도록 하는 것이다. 문제는 퇴원을 할 경우 이분들이 갈 곳이 없다는 것이다. 질환의 특성상 약물복용도 필요하고 오랜 입원생활로 인지기능이 떨어져 있고 질환의 특성상 간혹 증상이 다소 나타날 수도 있기에 퇴원 후에

도 일상생활에 대한 도움이 필요하다. 그러나 가족 등 보호자가 감당하기에는 버겁다. 자신의 삶을 포기하지 않으면 안 된다. 이들을 위한 서비스가 제공되는 주거지가 시급히 필요한 이유이다.

여성 정신장애인 공동생활가정 쉐어하우스가 소사본1동에 자리 잡은 지도 어언 7년이 지났다. 그동안 특별한 문제없이 잘 지내고 있는 것에 대해 우선 관계자 모든 분들에게 감사의 말씀을 드리고 싶다. 덕분에 작년에는 남성정신장애인 공동생활 가정 이룸이 바로 이웃하여 문을 열었다.

물론 누구나 예상할 수 있듯이 처음부터 순탄한 것은 아니었다. 막연한 불안감 속에 바라보는 의심의 눈초리들을 의식하지 않을 수 없었다. 이윽고 당장 나가달라는 이웃의 항의도 있었다. 위기였다. 그러한 항의가 전혀 근거 없는 것은 아니었기에 고민은 더욱 컸다. 한 예로 문앞에서 쪼그려 앉아 담배를 피우는 회원의 모습을 보고 아이들 교육에 좋지 않다는 이유를 들었다. 비장애인이 주위에서 담배를 피우는 것은 문제 삼지 않으면서 정신장애인이라는 이유로 특히 여성이라는 이유로 문제시 하는 것은 부당하다는 생각이 들면서도 선입견이든 어떻든 모양이 썩 좋아 보이지 않는 것은 사실이었다.

다행스럽게도 처음부터 회원들의 상황을 이해하고 적극적으로 옹호해주시는 주민들의 덕분에 더 이상 문제가 확대되지 않았으며 자체적으로도 고심 끝에 입주 조건으로 담배를 피우지 않거나 최소한 끊겠다는 약속을 받기로 했다. 이후 7년이 지날 때까지 특별히 눈에 거슬리는 행동이나 사태는 없었으며 주민들도 회원들을 따뜻한 눈으로 바라보고 나아가서는 생활에 필요한 도움을 주기도 하면서 오늘에 이르렀다. 주민들 속에서 안정적인 생활을 하고 있다. 결국 주민들의 따뜻한 시선과 이해가 중요하지만 주민들에게 다가가고자 하는 회원들의 노력 또한 못지않게 필요하다는 것을 느끼게 되었다.

어쨌든 이러한 상호의 이해와 노력만 있다면 주민들과 어울려 나름대로의 자유로운 일상이 가능하다는 것을 쉐어하우스와 이룸은 잘 보여주고 있다고 생각한다.

이처럼 정신장애인들이 병원이나 요양시설에서 나와 사회속에서 안정적으로 살아가기 위해서는 우선 서비스가 제공되는 주거지원의 확대가 절실하다. 한 발 더 나아가 개인의 사생활이 보호되고 거주기간 제한이 없는 주거지라면 더 바랄 것이 없을 것이다.

뿌리샘이 '생활지원주택'의 실현을 위해 노력하는 이유이다.

지역사회에서 살아가기

이명위

지역사회에서 조현병을 앓는 사람들을 종종 만나게 됩니다.

오랫동안 우리 복지관에도 조현병을 앓는 사람들이 주기적으로 찾아왔었는데 약물을 복용하지 않았을 때는 눈빛이 달라지고 말과 행동이 난폭해, 보는 이들로 하여금 두렵고 불안했지만, 약물을 복용했을 때는 착하고 온순하며 일반사람들과 별반 다르지 않는 모습을 볼 수 있었습니다.

최근 통계에 따르면 우리나라에는 약 70만 명의 정신장애인 당사자가 있으며, 그 수는 점점 증가하고 있습니다. 정신장애인 당사자는 정신건강 문제로 인해 신체적, 정신적 어려움을 겪을 뿐만 아니라, 사회적 편견과 차별 속에서 힘든 현실을 마주하고 있습니다. 사회적 낙인과 고립은 당사자의 자립과 회복을 가로막는 큰 장애물이 되고 있습니다.

이러한 현실 속에서 정신장애인 당사자가 건강한 삶을 영위하기 위해서는 지속적인 치료와 지원이 필요합니다. 꾸준한 약물치료와 심리치료는 당사자가 일상생활을 보다 원활하게 이어가는 데 중요한 역할을 한다고 전문가들은 조언합니다. 또한, 약물 복용에 대한 부정적인 인식을 개선하는 것도 매우 중요합니다. 정신장애인이 약물을 복용하는 것은 비장애인이 감기에 걸렸을 때 약을 먹는 것과 다르지 않다는 인식이 필요합니다. 이를 통해 당사자가 치료를 자연스럽고 긍정적으로 받아들일 수 있기를 기대합니다.

정책적인 차원에서도 보다 세심한 지원이 필요합니다. 정신건강 문제를 해결하기 위한 법적, 정책적 지원은 당사자들이 안정적인 환경에서

살아갈 수 있도록 돕는 중요한 요소입니다. 특히 정기적인 고립가구 실태조사와 정신건강에 대한 대중들의 인식 개선 캠페인을 통해, 조기에 지원할 수 있는 시스템을 마련하고 사회적 편견을 줄이는 노력이 필요합니다. 이러한 지원은 정신장애인 당사자가 사회에서 존중받고 소속감을 느끼며 살아갈 수 있도록 할 것입니다.

가족 및 보호자에 대한 지원 역시 매우 중요합니다. 정신장애인 당사자의 가족들은 돌봄 과정에서 많은 심리적, 정서적 부담을 느끼고 있습니다. 이러한 부담을 덜어주기 위해 가족들을 위한 심리적 지원과 상담 서비스가 확대될 필요가 있습니다. 또한, 당사자의 가족들이 증상에 대해 올바르게 이해하고 대처할 수 있도록, 가족 교육 프로그램을 제공해야 합니다. 이를 통해 가족들이 당사자를 보다 효과적으로 지지하고 회복을 도울 수 있는 환경이 조성될 것입니다.

지역사회복지관은 정신장애인 당사자가 지역사회에서 자립하고 건강한 삶을 영위할 수 있도록 다양한 자원을 연결하기 위해 노력하고 있습니다. 복지관은 상담 서비스와 사례관리를 통해 당사자가 필요로 하는 복지 서비스를 연계하고, 일상생활 기능 회복을 지원합니다. 또한, 당사자들이 직업 훈련이나 사회적 재활 프로그램 등에 참여할 수 있도록 다양한 기관과 협력하여 자립 기반을 마련하는 데 기여하고 있습니다만 현재 뿌리샘 사회적협동조합의 쉐어하우스와 같이 지역사회에 기반을 두고 함께 살아가는 정신장애인들을 위한 공동 거주시설이 필요하다고 생각합니다.

정신장애인 당사자와 그 가족들이 사회적 통합을 이루고 차별 없이 살아갈 수 있도록 당사자의 목소리에 귀 기울이며 그들의 존엄성과 인권을 존중하며 차별을 없애고 삶의 질을 향상시키기 위한 노력들이 제도적으로 정책들을 발전시켜나아가야 할 것입니다.

정신장애인 당사자가 사회의 일원으로서 온전히 인정받고, 나아가 사회 통합을 이루며, 사회 구성원으로서 함께 해결해야 할 우리 모두의 시대적 과제라고 생각합니다.

우리 동네의 새로운 시작

이영수

얼마 전, 우리 동네에 조현병 장애인을 위한 터전이 생긴다는 소식을 들었다. 이 소식은 내게 큰 기대와 약간의 걱정을 동시에 안겨주었다. 이웃들과 함께 더불어 살아가는 동네에서, 조현병 장애인들과 비장애인이 조화를 이루며 지낼 수 있을까? 서로 다른 배경과 삶의 방식을 이해하고 존중할 수 있을까? 이런 질문들이 떠오르며 나 자신도 두려움과 호기심 사이에서 복잡한 감정을 느꼈다.

사실 나는 정신 건강과 관련된 일을 겪은 적이 있다. 가까운 사람 중한 명이 우울증을 앓았고, 그를 곁에서 도우며 정신 건강에 대한 인식이 얼마나 중요한지 절실히 느꼈다. 처음엔 자신의 상태를 인정하기 어려워했고, 그로 인해 더 힘든 시간을 보냈다. 그러나 전문적인 치료와 주변 사람들의 지지 덕분에 조금씩 나아지기 시작했다. 그 과정을 지켜보면서, 마음의 병도 충분히 치료와 관리가 가능하다는 걸 알게 되었다.

이 경험 덕분에 나는 조현병에 대해서도 더 알고 싶어졌다. 그래서 이번 기회에 조현병에 대한 정보를 얻기 위해 전문가를 만나 이야기해 보았다. 그분은 조현병이 단순한 정신적 문제가 아니라 뇌 기능의 이상으로 인해 발생하는 만성 질환이라고 설명해 주셨다. 환각이나 망상, 사고의 혼란 같은 증상이 동반되기도 하지만, 조현병은 치료를 통해 증상을 조절하고 충분히 사회생활에 적응할 수 있는 병이라고 했다. 중요한 것은 병에 대한 편견을 버리고, 정확한 정보를 바탕으로 환자를 있는 그대로 받아들이는 것이라고 강조하셨다.

이 이야기를 듣고 나는 조현병을 바라보는 시선이 완전히 달라졌다. 사실 나도 처음에는 조현병에 대해 잘 몰랐고, 막연히 두려운 병이라고 생각했다. 하지만 그 병을 앓고 있는 사람들도 우리와 다르지 않다는 것을 알게 되었다. 조현병 환자도 우리의 친구, 가족이 될 수 있고,

우리 이웃일 수도 있다. 그들도 우리의 관심과 지지, 그리고 조금의 배려가 필요할 뿐이다.

그 전문가 분께서 하신 말씀이 기억에 남는다. "조현병 환자도 우리와 같은 인간입니다. 그들은 단지 다른 방식으로 세상을 보고 느낄 뿐, 그들이 겪는 어려움은 누구나 겪을 수 있는 것입니다. 조금 더 인내심을 가지고 기다려주고, 작은 배려를 실천한다면 함께 더 나은 사회를 만들어갈 수 있습니다."

이 말을 들은 후 나는 우리 동네에서 조현병 장애인들이 새로운 터전을 갖는 일이 얼마나 중요한지 깊이 생각하게 되었다. 그들을 단순히 '도와줘야 할 대상'으로 보는 것이 아니라, 같은 공동체 안에서 함께 살아가며 서로에게 힘이 될 수 있는 존재로 인식해야 한다. 우리의 작은 행동과 변화가 큰 변화를 일으킬 수 있다는 생각이 들었다.

얼마 전 동네에서 열린 모임에서 이 주제가 다시 한 번 화두에 올랐다. 모임에서는 조현병 장애인을 위한 새로운 시설과 프로그램에 대해 의견을 나누었다. 일부는 여전히 불안해했고, 함께 살아가는 것이 가능할지 걱정하는 목소리도 있었다. 하지만 나는 그 자리에서 내가 경험했던 것을 이야기를 나누었다. 정신 건강의 어려움을 겪는 이들에게 필요한 것은 우리의 따뜻한 관심과 이해라는 점을 강조했다. 그들도 우리가 느끼는 감정, 고민, 꿈을 똑같이 가지고 있다는 사실을 잊지 말아야 한다고 말했다.

우리 동네에는 크고 작은 어려움을 겪고 있는 사람들이 많이 있다. 조금 더 관심을 가지고 다가가 따뜻한 말 한마디를 건네는 것만으로도 큰 힘이 될 수 있다는 것을 나는 내 경험을 통해 배웠다. 조현병 환자들도 마찬가지다. 그들도 우리와 똑같은 사람이고, 그들의 마음을 이해하려는 작은 노력이 모이면 더 큰 변화를 만들 수 있다. 그 변화는 결국 우리 모두가 더 나은 미래를 만들어가는 밑거름이 될 것이다.

지금 우리 동네에는 조현병 장애인을 위한 다양한 지원 체계와 프로그램들이 조금씩 마련되고 있다. 함께 어울리며 활동할 수 있는 프로그램도 생기고, 주민들 간의 소통과 교류를 위한 장이 열리고 있다. 이웃들과 함께 친목 모임을 갖고, 운동이나 봉사활동에 함께 참여하

며, 문화 행사를 즐기면서 우리는 서로를 점점 더 이해하고 친밀감을 쌓아가고 있다. 이런 작은 실천들이 모여 더 살기 좋은 동네를 만드는 것이다.

우리는 모두 이 사회의 일원으로서 서로를 돕고 이해하며 살아가야 한다. 특히, 마음의 어려움을 겪는 이들에게는 더 많은 관심과 배려가 필요하다. 그렇기 때문에 우리 동네에서 시작되는 이 작은 변화가 큰 의미를 지닌다고 생각한다. 조현병 장애인들이 편안하게 살아갈 수 있는 환경을 만들어 가는 일은 단순히 그들을 위한 것이 아니라, 우리 모두를 위한 것이다.

'이해'와 '소통', 그리고 '작은 배려와 관심'은 이 과정을 통해 우리 사회를 더 건강하고 따뜻하게 만드는 중요한 요소들이다. 조현병은 여전히 많은 사람들에게 낯설고 두려운 병일 수 있다. 하지만 그 병을 앓고 있는 사람들도 우리와 같은 감정을 느끼고, 같은 꿈을 꾸며 살아가는 사람들이다. 그들을 이해하려는 우리의 작은 노력들이 모여 큰 변화를 만들어낼 것이다.

우리 동네에 마련된 조현병 장애인을 위한 새로운 터전은 단순히 시설 하나를 짓는 것이 아니다. 이는 우리 모두가 함께 더불어 살아가는 동네를 만드는 첫걸음이다. 조현병 장애인과 비장애인이 서로를 이해하고 존중하며 함께 행복하게 살아가는 동네를 만드는 일은 우리 모두의 책임이자 기회다.

이제 우리는 모두 힘을 모아 조현병 장애인과 비장애인이 더불어 살아가는 따뜻한 공동체를 만들어나가야 한다. 작은 변화들이 모여 큰 변화를 만들어낼 수 있고, 그 변화는 우리 모두에게 더 나은 미래를 선물해줄 것이다.

한 달간의 값진 경험

이은송

수련 중 쉐어하우스, 이룸에서 한 달이라는 기간 동안 파견 수련을 하게 되었고, 좋은 기회로 저의 이야기를 들려 드릴 수 있게 되어 이렇게 글을 써보려고 합니다. 이 글에서는 쉐어하우스, 이룸에서 보낸 시간을 되돌아보며 그 속에서 얻은 경험과 느낀 점을 공유해보고자 합니다.

파견 첫날 저에게 주어진 시간은 한 달로 정해져 있었기 때문에 어떻게 하면 그 한 달을 효율적으로 활용할 수 있을지에 대한 계획을 구상하며 출근길에 나섰습니다. 긴장되고 설레는 마음에 출근 시간보다 한 시간 일찍 도착하게 되었고 지금 들어가도 될지, 출근 시간에 맞쳐 들어가는 게 나을지 문 앞에서 고민하며 망설였습니다. 결국, 들어 가기로 마음을 먹고 초인종을 누르자 **님이 문을 열어주셨고 그렇게 제 파견 수련이 시작되었습니다.

회원들과 어색하게 첫인사를 나누고 찾아온 적막 속에서 묘한 긴장감 과 설렘이 피어나는 것을 느낄 수 있었습니다. 현재 저는 병원에서 수 련을 받고 있기 때문에 병원 환경에 익숙해져 있던 터라 공동생활이 라는 새로운 환경에서 회원들에게 어떻게 다가가야 할지 많은 고민을 했던 것 같습니다. 또한, 제가 새로운 환경과 사람에게 낯섦을 느끼고 있듯이 회원들 역시 저를 낯설어하고 있을 것이라는 생각이 들었고 얼 른 회원분들에게 신뢰를 얻어 마음의 문을 열어야겠다는 생각을 했습 니다. 매일 회원들과 일상을 보내며 진심으로 다가가려는 노력을 기울 였고, 점차 회원들이 마음의 문을 열어주면서 자연스럽게 차근차근 관 계를 형성할 수 있었습니다. 이후 많은 이야기를 나누고, 시간을 보내 면서 회원들의 개인적 이야기, 관심사 등에 대해 알게 되었고, 이를 바 탕으로 더욱 의미 있는 소통을 할 수 있었습니다.

이러한 노력으로 한 달이라는 시간 동안 회원분들과 다양한 활동을 함께할 수 있었고, 그중에서도 가장 기억에 남았던 몇 가지 순간에 대해 말씀드리려고 합니다. 첫 번째로는 의사소통 프로그램을 진행했던 순간입니다. 좋은 기회로 쉐어하우스 회원을 대상으로 4회기 프로그램을 진행해 볼 수 있게 되었고 어떤 프로그램을 진행해야 회원들에게 실제로 도움을 줄 수 있을까 생각했습니다. 현재 그리고 자립을 하고 나서도 도움이 될 만한 프로그램을 진행하고 싶었고, 고민 끝에 의사소통 프로그램을 계획하게 되었습니다. 다양한 활동을 통해 의사소통 유형, 방법, 자기 생각과 감정을 표현할 수 있는 대화법 등에 대해서 학습하는 시간을 가졌고, 프로그램을 진행하며 회원들이 의사소통에 관심을 두고, 적극적으로 참여하려고 노력하는 것을 보고 큰 보람을 느낄 수 있었기 때문에 기억에 남는 순간 중 하나로 느껴지는 것 같습니다.

두 번째로는 자조 모임을 운영했던 순간입니다. 이룸 회원을 대상으로 운동 자조 모임을 구성하게 되었고, 자조 모임 시작 전 회원들과 회의를 통해 리더 및 부리더, 운동 시간 및 방법, 규칙 등에 대해 정하는 시간을 가졌습니다. 회의를 진행하면서 모임에 대해 무관심한 것 같은 회원들의 모습을 보며 자조 모임의 목적에 맞게 진행될 수 있을까? 내가 없어도 모임을 지속할 수 있을까?에 대한 걱정이 되었습니다. 처음에는 주도적으로 모임을 진행하는 것에 있어 미숙하고 어려워하는 모습을 보였지만 점차 시간이 흐를수록 자조 모임의 형태가 만들어졌고, 제가 없는 날에도 회원들이 직접 주도하여 잠깐이라도 운동을 진행하는 모습을 보면서 모임 시작 전 했던 생각과 고민이 말끔히 사라지는 경험을 할 수 있었던 순간이었기에 기억에 남는 순간 중 하나라고 느껴졌던 것 같습니다.

이렇게 쉐어하우스와 이룸에서 보낸 한 달이라는 시간은 저에게 많은 의미와 배움을 안겨주었습니다. 정신장애인이 안정적인 삶을 유지하고, 자립적으로 살아갈 수 있도록 돕는 일이 얼마나 중요한지를 깊이 이해하게 되었으며 정신질환을 바라보는 시각을 한층 넓힐 수 있었습니다. 정신질환자들이 더 나은 삶을 살 수 있도록 힘쓰는 정신건강사회복지사가 되어야겠다는 다짐을 하게 되었습니다.

관심이 생각을 바꾸게 한다

이재학

새벽부터 내리기 시작한 빗방울이 자자들 기미가 보이지 않는다. 어느덧 동이 트고 출근길 사람들의 발길이 분주하다. 비는 멈출 생각이 없는 듯하고, 아침이고 비가 오는데도 덥다. 비가 그치면 얼마나 큰 기운의 무더위가 엄습할지 짐작조차 할 수 없다. 그러니 차라리 비가 하루 종일 내렸으면 싶다.

우중에도 A가 아줌마와 함께 산책을 나가는 게 보였다. 우산 속 A의 뒷모습이 많은 생각을 하게 만든다. 두 사람이 시야에서 벗어날 때까지 바라보았다. A를 안지도 삼십 년이 넘었다. 오랜 세월을 보았지만 한 번도 따로 만나거나 한 적은 없었다. 그저 물끄러미 A가 지나가면

바라볼 뿐이었다

한 동네에 오래 살다 보니 풍문처럼 들려오는 이야기 속에 A의 이야기도 실려왔다. 우리 집 근처에 정신질환을 앓고 있는 젊은이가 살고 있다는 것이었다. 이야기의 주인공이 A라는 것을 알게 된 것은 한참의 시간이 지난 다음이었다. 가끔씩 A의 이야기를 듣게 되었다. 그러던 중 A에 대하여 관심을 갖게 되는 계기가 있었다. 하루는 아버지가 집으로 들어오시더니 A에 대한 이야기를 하는 것이었다.

"A 이 녀석이 뭐라고 중얼거리면서 갑자기 달려들더니 내 가슴을 마구 때리는 거야. 얼마나 깜짝 놀라고 당황했는지 몰라. 그냥 귀싸대기를 한 대 후려갈기려다 녀석이 정상이 아니란 생각에 꾹 참았지 아니면……"

나는 그날 이후로 A가 보이면 전과 다르게 A를 더욱 유심히 보는 버릇이 생겼다. 그렇다고 A와의 거리감이 메워진 것도 아니고, 대화를 나눈 것은 더욱 아니었다. A는 나를 전혀 모르지만, 나도 A를 안다고 할 수 없었다. 단지 길에서라도 보이면 한 번 더 보게 되는 정도라고 하면 맞을까?

그러다 A를 지금까지와는 다른 시각으로 보게 되었다. 부천시 광역동 주민자치회에서 주민자치위원으로 함께 활동하는 사회적 협동조합 뿌리샘의 유병연 이사장을 알게 되면서였다. 유병연 이사장은 동네에서 정신질환자를 위한 보금자리 공동체 쉐어하우스를 운영했다. 유병연 이사장은 정신병원에 입원해 있을 수도 없고, 가정에서 돌봄을 받을 수도 없는 정신질환자들을 위한 보금자리가 쉐어하우스고, 이들이 안정적으로 사회생활을 할 수 있도록 지원하는 곳이 쉐어하우스의 역할이라고 했다. 쉐어하우스와 같은 보금자리 공동체가 정신질환자들에게 왜 필요한지 설명을 들으면서 A의 상태를 간접적으로나마 이해할 수 있게 되었다. 그러자 A가 다르게 보이는 것이었다.

유병연 이사장의 설명을 듣기 전에는 정신질환자들에 대한 막연한 경계심과 동정심을 갖고 있었던 것 같다. 뉴스나 신문을 통하여 듣게 되는 정신질환자들이 일으키는 사건 사고에 대한 편견과 오해가 정신질환자들과 시민들 사이의 소통을 막는 큰 장벽이 되었던 것이다. 우리가 정신질환자들에 대하여 갖고 있는 일방적인 생각을 개선하기 위해서는 일차적으로 정신질환이 무엇인지에 대한 교육이 선행되어야 한다는 생각을 하게 되었다. 정신질환자들에 대한 이러한 작은 생각과 관점의 변화는 유병연 이사장과 대화를 나누면서 자연스럽게 갖게 된 것이다. 작지만 큰 변화였다.

오늘도 A가 산책을 나가는 게 보였다. 동네를 다니다 보니 전보다 더 자주 A를 보게 된다. 잘은 모르지만 규칙적으로 산책을 하는 것 같다. A에 대한 이야기도 더 이상 들리지 않는다. 신이 나서 웃는 얼굴을 별로 본 적이 없다. A는 늘 무표정한 얼굴로 앞만 보고 걷는다. A는 매일 무슨 생각을 하면서 산책을 할까? 나는 비로소 A를 A로 보게 되었다. 이렇게 되기까지 오랜 시간이 걸렸다.

지역사회의 당당한 일원으로 함께하기 위하여

정재열

정신과 의사로서 일해오면서 단순히 환자의 병을 치료하는 것에 그치지 않고, 환자들이 사회 속에서 건강하고 행복하게 살아갈 수 있도록 돕는 더 큰 사명을 지니고 있습니다. 정신과 환자들은 자신의 문제를 온전히 이해하지 못하고, 그로 인해 사회적 고립과 오해 속에서 고통을 겪는 경우가 많습니다. 이때 정신과 의사의 역할은 환자의 심리적, 정신적 상태를 종합적으로 평가하고, 그들의 삶의 질을 개선하는 데 중점을 둡니다. 이는 단순히 약물치료에 의존하는 것이 아니라, 환자와 그 가족, 그리고 지역사회의 협력을 통해 이루어져야 합니다.

정신과 치료는 크게 약물치료, 심리치료, 그리고 행동치료로 나뉘지만, 그 모든 치료의 기본은 환자와의 신뢰 관계를 형성하는 데 있습니다. 약물치료는 특히 조울증, 조현병과 같은 심각한 정신질환에서 중요한 역할을 하지만, 약물만으로는 환자의 삶을 온전히 회복할 수 없습니다. 심리치료는 환자가 자신의 감정과 생각을 인식하고 그것을 다루는 법을 배우는 과정입니다. 이를 통해 환자는 자신의 문제를 스스로 해결해 나가는 힘을 얻게 됩니다. 행동치료는 환자가 일상생활에서의 행동 패턴을 바꾸고, 더 나은 선택을 할 수 있도록 돕습니다.

정신재활치료는 정신질환으로 인해 잃어버린 사회적 기능을 회복시키는 중요한 과정입니다. 많은 환자들이 병으로 인해 사회적 관계가 단절되거나 직업을 잃고, 일상생활에서 큰 어려움을 겪습니다. 정신재활치료는 이들이 다시 사회로 나아갈 수 있는 힘을 기를 수 있도록 돕습니다. 직업 재활 프로그램, 지역사회의 지지 모임, 일상생활 기술 교육 등이 이 과정에 포함되며, 이를 통해 환자는 사회적 역할을 회복하고 자존감을 찾게 됩니다. 특히 직업 재활 프로그램은 환자들이 경제적으로 자립하고 사회에 기여할 수 있는 기회를 제공하는 중요한 수단입니다.

지역사회 정신의학의 중요성

정신건강 문제는 단지 개인의 문제가 아니라, 사회 전체가 함께 해결해야 할 과제입니다. 이를 위해 정신의학에서는 지역사회 정신의학이라는 개념을 발전시켰습니다. 지역사회 정신의학은 정신질환을 앓고 있는 사람들이 그들의 지역사회 내에서 적절한 지지를 받을 수 있도록 돕는 것을 목표로 합니다. 이러한 지지 시스템은 정신건강센터, 복지기관, 그리고 의료 기관들이 협력하여 구축됩니다. 이는 환자들이 병원에서 격리된 상태로 치료를 받는 것이 아니라, 자신이 속한 지역사회 내에서 삶을 영위하며 치료를 받을 수 있도록 하는 중요한 시스템입니다.

지역사회 정신의학은 치료와 재활을 넘어 예방적 역할을 담당합니다. 정신질환의 발생을 미리 감지하고 조기에 개입하여 심각한 문제로 발전하는 것을 막는 것이 이 접근 방식의 중요한 목표 중 하나입니다. 정신질환은 치료가 지연될수록 환자에게 더 큰 고통을 줄 수 있기 때문에, 조기 개입과 예방적 치료는 매우 중요한 의미를 가집니다. 또한, 정신질환을 앓고 있는 이들이 지역사회에서 자신의 역할을 다시 찾고 살아갈 수 있도록 돕는 데에도 중점을 둡니다. 이는 궁극적으로 정신질환을 가진 사람들도 우리 사회의 주요한 구성원으로서 역할을 수행

할 수 있게 하는 길입니다.

사회적 낙인과 편견의 극복

정신질환에 대한 사회적 낙인과 편견은 여전히 큰 문제로 남아 있습니다. 많은 환자들은 병의 증상보다 사회적 낙인으로 인해 더 큰 고통을 겪습니다. 정신질환은 몸의 병과 마찬가지로 누구나 걸릴 수 있는 병이지만, 많은 사람들은 정신질환을 앓고 있는 이들을 부정적이고 위험한 존재로 간주하곤 합니다. 이는 환자들이 자신의 병을 숨기고, 치료를 받는 것을 두려워하게 만드는 주요한 원인 중 하나입니다.

사회적 낙인을 극복하기 위해서는 대중의 인식 변화를 이끌어내는 것이 필수적입니다. 정신질환을 앓고 있는 사람들은 위험하거나 비정상적인 존재가 아닙니다. 그들은 우리 사회의 중요한 구성원이며, 적절한 치료와 지지를 받으면 누구보다도 활발하게 사회에 기여할 수 있습니다. 이를 위해 대중 교육과 홍보가 필요합니다. 정신건강에 대한 올바른 지식이 널리 퍼져야 하며, 정신질환에 대한 편견과 오해를 불식시키는 것이 중요합니다. 특히 미디어의 역할이 큽니다. 정신질환을 왜곡되게 묘사하는 콘텐츠는 사회적 편견을 강화할 수 있으므로, 미디어에서의 올바른 정신건강 정보 제공이 중요합니다.

또한, 정신질환을 앓고 있는 환자들이 우리 사회의 주요한 일원으로 자리 잡을 수 있도록 지원하는 시스템이 강화되어야 합니다. 이는 단순한 치료를 넘어서, 이들이 직업을 가지고, 가족과 함께 생활하며, 지역사회에서 자신감을 가지고 살아갈 수 있도록 하는 것을 의미합니다. 직업 재활 프로그램, 사회 복귀 프로그램, 그리고 지역사회 내 지지 네트워크는 환자들의 삶에 큰 긍정적인 영향을 미칠 수 있습니다. 이러한 지원 시스템이 잘 갖추어질 때, 환자들은 자신의 병을 극복하고 새로운 삶을 시작할 수 있는 기회를 얻습니다.

환자와 가족에 대한 지지와 격려

마지막으로, 만성 정신질환을 앓고 있는 환자들과 그 가족들에게 따뜻한 응원의 말씀을 전하고 싶습니다. 만성 정신질환은 오랜 기간 동안 환자와 그 가족 모두에게 많은 부담을 주는 질환입니다. 그러나 이 길은 혼자가 아닙니다. 여러분의 곁에는 함께하는 전문가들이 있고, 더 나아가 같은 경험을 공유하는 이웃과 지지 그룹들이 있습니다. 중요한 것은 매일 조금씩 나아가는 것입니다. 때로는 더디게 느껴질 수 있지만, 그 한 걸음 한 걸음이 여러분의 회복과 더 나은 삶으로 이어지는 길임을 잊지 마시기 바랍니다.

정신질환은 단지 환자의 문제만이 아닙니다. 그 가족들도 함께 고통을 겪고, 함께 치료의 길을 걸어가야 합니다. 가족들의 지지와 사랑은 환자에게 큰 힘이 되며, 이는 치료의 중요한 요소입니다. 가족들이 서로를 이해하고 지지하는 것은 환자의 회복에 결정적인 역할을 합니다. 하지만 가족들도 때로는 지치고 힘들 수 있습니다. 이럴 때는 주저하지 말고 주변의 도움을 요청하고, 전문가들과 상담하며 함께 해결해 나가는 것이 중요합니다.

여러분의 용기와 인내는 결코 헛되지 않습니다. 치료 과정에서 얻는 작은 성취들은 큰 희망의 씨앗이 될 것입니다. 병을 이겨내고, 다시금 사회의 중요한 구성원으로서 살아가는 여러분의 모습은 다른 이들에게도 큰 힘과 영감을 줄 것입니다.

자립을 향한 새로운 시작 - 시골 소녀의 도시 탐험기

조미옥

새로운 세상, 새로운 시작

두 달 전, 우리 시설에는 조금은 엉뚱하지만 매력 넘치는 한 회원이 입소했습니다. 충청도의 한 시골에서 살다 온 지적장애와 조현병을 함께 가지고 있는 그녀는 그동안 돌봐주던 아버지가 돌아가시고 여동생마저 결혼을 해 누군가의 도움이 간절히 필요하여 혼자 지내던 시골 생활을 접고, 우리 시설에 오게 된 것입니다. 걱정이 많았던 여동생의 간절한 부탁과 까만 피부, 또렷한 이목구비, 눈도 제대로 못 마주치고 수줍어하였지만 함께 잘 지낼 수 있을 것 같다는 느낌과 자립의 가능성을 보고, 저는 기꺼이 그녀를 맞이했습니다.

그녀와 처음 마주했을 때, 수줍은 미소를 띤 채로 고개를 푹 숙이고 있던 모습이 떠오릅니다. 그런데도 그녀는 "여기 좋아요, 예뻐요!"라고 힘주어 말하며 시설에 머물고 싶다는 뜻을 밝혔죠. 그때의 간절했던 눈빛, 작은 별처럼 반짝이던 그 눈빛은 지금도 생생합니다.

도시 탐험가, 새로운 세상을 만나다

그녀의 입소와 함께 우리 시설은 활기가 넘치기 시작했습니다. 충청도 시골에서 조용히 지내던 그녀가 처음으로 마주한 도시의 풍경은 그야말로 경이로움 그 자체였나 봅니다. 짐을 정리하고 필요한 물건을 사러 간 날, "우와, 무슨 버스가 이렇게 자주 와요? 저거 다 타도 돼요?" "높은 건물이 이렇게 많아요?", "와, 공원도 이쁘네.." 우와 우와 ~ 그녀의 감탄사는 매일 끊이지 않았고, 그 모습에 주변 사람들에게 민망하기도 했고, 적응하려면 힘들겠다 하는 걱정도 되었지만 우리 시설 식구들은 웃음을 감출 수 없었습니다. 그녀의 흥분된 목소리는 시설 곳곳을 울렸고, 평소 조용했던 우리 시설에 새로운 바람이 불기 시작했습니다.

쾌활한 성격 덕분에 그녀는 금세 다른 입소자들과도 친해졌습니다. 하루는 모두가 모여 드라마를 보고 있는데, 추임이 얼마나 다채롭던지 한 입소자가 농담 섞인 말로 "마치 화면 해설 방송을 보는 것 같아!"라고 하기도 하고, "심심하지 않고 좋아요, 저도 그냥 같이 웃게 돼요"하고 모두들 웃음을 터뜨리며 그녀가 시설에 가져다 준 이 활기를 즐겼습니다.

작은 기적, 매일매일 쌓여가는 희망

도시의 새로운 환경에 익숙해져 가며 적극적인 재활을 위해 낮병원의 프로그램에도 참여하고, 의사 선생님과 상담하여 약물도 변경하고 격려해주는 많은 사람을 만나며 자신감도 얻고 있고, 다양한 프로그램들을 경험하며 조금씩 변화해가고 있습니다. 지적장애로 학습이 되지 않아 글을 그림처럼 외우며 살아온 그녀는 읽는 건 가능했지만 쓰는 건 여전히 어려웠습니다. 그래서 지역의 복지관에서 한글 공부도 시작하였습니다. 그리고 우리는 그녀의 숨겨진 재능을 발견하게 되었습니다. 바로 요리였습니다!

다른 입소자분들이 식사 준비하는 모습을 보고 "못해 못해" 하더니, 다소 투박하였지만 척척 음식을 만들어내는 모습은 모두를 놀라게 했습니다. 맛있는 음식으로 입소자들의 입가에 미소를 안겨 주었고, 그 덕분에 우리 시설은 어느 때보다 따뜻한 분위기로 가득 찼습니다. 그녀는 단순한 입소자가 아닌, 우리 모두에게 즐거움과 행복을 주는 존재가 되어가고 있었죠.

내일을 향한 발랄한 꿈

지금도 그녀는 매일매일 새로운 것을 배우며, 자신만의 속도로 변화하고 있습니다. 언젠가는 글씨도 예쁘게 쓰고, 자신이 하고 싶은 이야기를 글로 표현할 날이 오겠죠. 그리고 회 정신재활시설을 이용하며 사회에 보다 더 적응하고 다양한 교육과 프로그램을 통해 취업과 자립을 하는 꿈도 꾸게 될 것입니다. 밝고 쾌활한 그녀의 성격이라면, 그 꿈도 곧 이뤄지리라 믿고 응원하고 싶은 마음이 가득 차 있습니다.

우리 시설은 그녀 덕분에 활기를 되찾았고, 우리는 그녀를 통해 배운 것이 참 많습니다. 사소한 것에서 느끼는 기쁨, 주변을 밝게 만드는 긍정적인 에너지, 그녀와 함께하는 매일이 우리에게는 작은 축제와도 같습니다. 앞으로 그녀가 걸어갈 길이 밝고 환하게 빛나기를, 모두가 마음속으로 응원하고 있습니다. 그녀의 이야기, 그리고 그 여정의 끝에서 우리는 함께 웃을 것입니다. 오늘도 우리는 그녀와 함께 새로운 하루를 시작합니다.

사랑하는 딸에게

최광은

아픔을 딛고 일어난 소중한 나의 딸에게

항상 순종하며 열심히 공부만하고, 모범생이었던 네가 마음을 닫고 혼자만의 세계에서 아파했던 청년기의 긴 터널의 날을 생각하면 엄마의 무지함과 사랑의 손길이 부족했음을 깊이 반성하고 뉘우치고 있음을 전하고 용서를 청하고 싶구나. 몸이 다쳐서 피가 나면 약을 바르고, 머리가 아파서 열이나면,그 리고 배가 아프면 약을 먹고 치료를 하는데 마음이 아파오면 그 마음 안에서의 고통에서 세상과의 나눔과 어울림도 어려워져 혼자 아파했던 날들, 엄마의 따뜻한 마음과 사랑으로 너를 설득할 수 없고 아프고 두렵기만 한 날들로 함께하며 괴롭기만 했지. 내가 할 수 있는 건 어렵게 병원에 입원 시키는 일. 그렇게 반복되는 생활 속에서 힘들어했던 지난날들.

이제 너를 지키며 치료약의 중요성을 깨닫고 건강한 생활을 하는 너를 보며 감사하고 있지요. 뇌 속의 홀몬 관계로 오는 마음의 병. 다른 모든 이들이 아픔에서 일어날 수 있도록 너도 그들의 도움이 되는 삶을 살 수 있으면 좋겠다. 쉐어하우스에서 만났던 고마운 인연들, 그리고 유병연회장님, 변가윤원장님, 보이지 않는 곳에서 기도와 희생으로 아픈 이들을 도우시는 많은 사랑하는 사람들. 고마운 분들 잊지 말고 살자. 그분들 생각하면 눈물이 나도록 고맙지요.

하느님께서는 고통을 통해서 더 큰 기쁨을 주시고 우리와 함께 계심을 잊지 말자.그래서 주님께서는 천사 같은 네 남편을 너에게 보내시어 성가정을 이루어 주셨으니 더 무엇을 바라겠니? 감사하고 또 감사하며 살자. 그리고 아픔을 통해 소중한 사람들을 만나서 함께 할 수 있음을 무어라 감사할지 모르겠구나. 하느님께 감사하며 기쁘게 살자. 고맙다 사랑하는 내딸. 부족한 엄마가.

지금의 내가 있기까지

최다현

쉐어하우스에 3년 7개월이나 있다가 독립한 지 3년이 됩니다. 독립하고도 가끔 또는 자주 쉐어하우스 원장님이 챙겨주시고 기관에서 도와주시지 않았으면 어떻게 살았을까하는 생각도 듭니다.

제가 사는 원룸이 쉐어하우스에서 도보 10분 이내 거리라서 한 달에 한 번 정도 가서 상담도 받고 지냈습니다. 독립한 지 처음 무렵에는 원장님이 저희 집에 몇 번 방문하시거나 동네 예쁜 찻집에서 어떻게 지냈는지 물어봐 주시고 사회생활 하면서 힘든 점을 말씀드리고 고민하면 강구책을 제시해 주셨습니다.

쉐어하우스에서 회원으로 같이 지냈던 송**씨와 일 년 전쯤 연락이 닿아서 지금은 서로 의지하며 친하게 지내고 있습니다. 자주 만나며 식사와 차도 같이 하고 서로 안부 묻고 응원 해줍니다. 앞으로도 영어 회화 스터디 모임도 둘이 하며 치매 예방(?)도 하기로 했습니다.

뿌리샘 대표님인 유병연 대표님께서 쉐어하우스에 지원을 안 해 주셨으면 그렇게 편하고 좋은 공간에서 지내지 못했을 것입니다.

쉐어하우스 거주 기간 동안 동광임파워먼트센터나 직장도 다녔고, 기관으로 귀가하거나 주말에 여가 활동도 하고 가끔 오시는 복지사님의 지원도 받았습니다.

쉐어하우스에 있는 동안 동네 주민분들의 정성 어린 후원도 참 감사했습니다. 김장도 도와주시고, 어쩌다가 원장님 부재 시 돌아가며 와 주시고, 후원금을 내셔서 저희들이 필요한 데 잘 쓸 수 있게 혜택을 많이 받은 것은 행운입니다.

저는 직업도 다양하게 가졌고 거의 쉬지 않고 직장에 다니며 일을 했습니다. 일하다 쉬다 하고 잘 안 풀릴 때도 있어서 돈을 모으진 못했지만, 직장 경력이 쌓여서 지금 하는 일을 어렵지 않게 하게 되어 다행이고 감사합니다.

제가 지금 비교적 육체적으로 건강하고 조울증 중 우울증은 고치고 조증약만 먹고 회사 다니는 것에 감사합니다. 조증약을 먹으면 머리가 좀 나빠지고 기억력이 많이 떨어져서 몇 년 전부터 뇌영양제를 같이 처방받아서 먹기에 이제는 직장생활과 사회생활이 그리 어렵지 않습니다.

저는 교회에 다니고 있는데 살다가 너무 괴롭고 힘든 순간 하나님의 은혜를 체험했기에 하나님께 의지하고 예수님의 십자가를 바라보며 찬양을 듣고 기도하며 힘을 얻고 있습니다.

소중한 일상을 바라며

포항제철

내 나이 오십 다섯 해를 보내고 있는 지금, 다시 많은 것을 얻어가고 있다고 느끼는 현재, 과거에 얽매어 살아가고 있지는 않은지, 얻은 만큼 망각하고 있는 건 없는지 한없이 작아져서 되돌아보고 있다.

이제는 소중한 나의 본 모습을 회복하고 싶다. 인간이 살아가는 중에는 터전이 다 있기 마련이다. 그 터전을 보금자리라고 표현하고 싶다. 새들은 둥지를 틀고 나는 이룸에서 다시 시작하려 한다. 아내와 아들을 뒤로하고 혼자라 생각했는데, 두 달이 지나니 적응도 되고 괜찮다. 소중한 나의 일상을 바라며 삶의 보금자리로 돌아와서 그 일상을 날마다 누리며 살아내고 싶다.

마음의 문

포항제철

마음에도 문이 있다면
그것은 모든 것을 관통하는 것,
세상을 바라보는 영혼의 창,
세상을 들여다보는 매개체,
누군가에게 밝히고 마는 나의 중심의 통로.
마음의 문을 연다는 것이 쉽지 않다.

그 길 어딘가에 머물러 있는 나.
나는 세상에서 더 나아가야 한다.
세상을 극복하는 새로운 힘이 필요한 나.
손가락 사이로 빠져나가는 고통들,
자꾸 서성인다.

그런 나를 드나드는 생각(MIND)이 아닌
뜨거운 가슴(HEART)으로 손을 내밀어본다.
저벅저벅 걸어나간다.
이제는 그 문을 열어야 한다.

시작이다. 한없이 소중히 산다는 것.
그래야 드나드는 모든 것이 빛나는 삶이 되리라.

장애소녀 미술가의 이야기

한운수

낙엽이 이리저리 굴러다니는 가운데 청송만이 푸르름을 자랑하고 있는 12월 초순 인사동 골목의 고풍스런 화랑 경인미술관에 갔다. 이날 화랑에서는 예술대상을 받은 한 장애소녀의 특별전시회가 열리고 있었다.

전시장 입구에 양쪽으로 늘어서 있는 화환들 가운데 매우 반가운 화환 하나가 눈에 띈다. 토마스회에서 보낸 예술대상을 축하하는 기념화환이다. 토마스회는 제3공화국 유신시절 인천교구 가톨릭대학생연합회에서 활동하던 주요 회원들이 학창시절을 끝내고 일반사회로 나아가면서 자연스럽게 만들어진 사회친목단체로서 50여 년을 이어져오고 있는 끈끈한 모임이다.

전시장에 들어서니 예술대상을 수상한 장애소녀 미술가 김예슬로사의 부모가 주빈으로서 여기저기서 축하객들을 반갑게 맞이하고 있다. 전시 미술품들을 하나하나 둘러보노라니 각각의 밝고 화려한 작품들에게서 공통으로 특이한 점이 느껴진다. 자애로운 하느님의 얼굴, 빛나는 태양, 탁 트이고 평화로운 들판... , 무언가 모르게 가슴이 촉촉해진다.

잠시 후 주최 측에서 잠시 장내를 정리하더니 한 소녀가 전시회장 가운데로 나오면서 너울너울 춤을 추기 시작한다. 하늘에서 날개옷을 입고 춤을 추며 화려한 꽃들로 이루어진 들판으로 내려오는 선녀의 모습 같다. 어쩜 저럴 수가 ...

한편 그 소녀의 멋들어진 춤사위를 바라보고 있는 관람객들 가운데 유독 자그마하고 머리가 희끗희끗한 여인에게 시선이 쏠린다. 그 여인은 만면에 활짝 웃고는 있으나 눈에서 흘러나오는 눈물을 감추지 못하고 있다. 그냥 해 맑은 미소를 머금고 춤추는 그 소녀를 바라보고만 있다. 춤을 추고 있는 장애소녀의 어머니이다. 아마도 벅차오르는 그 동안의 회환과 오늘의 기쁨을 어찌하지 못했으리라......

그 광경을 바라보면서 장애소녀 예슬이 본인은 물론이고 특히 예슬이 부모가 하느님으로부터 특별한 은총을 받은 사람들이구나 하는 생각이 번뜩 내 뇌리를 스친다.

예슬이는 1983년 여름 김백규알퐁소와 김숙희데레사의 1남1여 자녀 중 두 번째 딸로 태어났다. 그런데 어느 날 예슬이가 정상적인 아이가 아니라 다운증후군의 장애아로서 10여세 정도의 소녀로 뇌 성장이 멈추었다는 사실을 알게 된 부모의 마음이 어땠을까, 그리고 지난 40여 년 간의 애달프고 고통스런 장애아의 무한한 뒷바라지 과정들... ,

우리들은 막연히 짐작만 할 뿐 가늠하기 어렵지 않을까 생각한다.

우리들은 예슬이의 엄마 김데레사가 학창시절 재능 있는 미술소녀였었고, 지난 세월 바지런한 여성 사업가로서 실패와 성공을 넘나드는 활동을 하면서도 장애아를 잘 키우고 있다는 정도로만 기억하고 있었다.

그런데 40여 년 동안 온갖 고통과 시련을 겪으면서도 하느님을 저버지 않은 그들 부모에게 특별한 축복과 은총을, 특히 김데레사의 예술적 재능을 장애아 예슬이를 통하여 빛을 발하게 하신 것이 하느님의 깊은 뜻이 아니었을까...

한편 예슬이의 아버지 김알퐁소를 보면 성모마리아 곁에서 묵묵히 성심을 다하여 뒷바라지한 나사렛의 목수였던 요셉이 떠 오른다.

예슬이와 그의 아내의 그늘에 늘 가려 있으면서도 전혀 내색을 하지 않고 모든 뒷바라지를 하고 있는 그에게서 느끼는 모습이라면 심한 표현일까... 이처럼 아름다운 성가정이 어디 또 있을까?

장애소녀 예슬이가 위대한 미술가로서 모든 장애인들에게 롤 모델이 되어 희망과 용기를 주는 사람이 되기를 바란다 또한 정신장애인들도 누구나 잠재능력을 갖고 있으니 바르게 생각하고 본인의 노력과 주변의 성원으로 비장애인 보다 더 나을 수 있다는 믿음과 신념을 가지고 살아가기를 바라는 마음으로 작은 힘이나마 보탠다.

생활지원주택이란

유병연

1. 생활지원주택의 정의

정신장애인들이 지금 여기에서 인간적인 생활이 가능하도록 서비스가 제공되는 안정적인 주거지로서,4-5인이 한 주택에서 주방, 화장실, 세탁실 등을 공동으로 사용하면서 최소한의 사생활이 보호되는 1인 1침실(이는 최소한의 조건이며 여건이 허락되면 화장실과 샤워시설이 달린 1침실 또는 주방시설까지 갖춘 원룸 형태) 과 전문가의 다양한 생활 지원 서비스가 제공되며(전문가는 리드하는 역할이 아니라 도와주는 입장임) 공유공간을 운영함으로써 주민과 자연스럽게 소통 하면서 (공유공간은 실외가 될 수도 있다) 기간제한이 없어 안정적인 생활이 가능한 개인의 자유가 최대한 보장되는 재활시설이 아니라 삶의 터전으로서의 주거지

2.대상

병원에서는 약물치료 이외에 더 이상 해줄 것이 없으나 퇴원 후에도 지속적인 서비스가 필요한 분들로서 보호자가 없거나 감당할 여건이 되지 않아 갈 곳이 없어 퇴원하지 못하는 분들, 그리고 이미 퇴원해서 보호자와 같이 살고 있으나 보호자의 희생이 너무 커서 어려움을 겪고 있는 분들

3.생활지원주택 기본 모형

\<1층\>

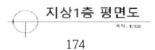

지상1층 평면도

<2층>

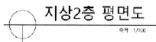

지상2층 평면도

축척 : 1/100

- 공유공간: 주민과의 소통이 가능한 공유공간(북카페, 소규모 강습
 이나 모임 공간,전시공간 등으로 활용)
- 사무실 : 생활지원주택 책임자(정신전문요원)및 공간관리 책임자 사
 무 및 상담공간
- 주방 : 거주자 전용공간
- 1인 1실의 침실 및 화장실(욕실),거실 공간

1층에는 주민과의 소통이 가능한 공간으로서 북카페, 소규모 강습이나 모임 ,전시공간 등으로 활용할 수 있는 공유공간이 있고, 생활지원주택 책임자 및 공유공간 관리자 등의 사무 및 상담공간 그리고 주방등 거주자 전용공간 2층은 침실

4.특징

1) 재활시설로서의 주거지가 아니라 생활시설로서의 주거지

2) 사생활이 보장되는 최소한의 1인 침실 제공

3) 입주자의 자유가 최대한 보장되는 선에서 각자에 맞는 전문가의 상담 및 생활서비스 제공(주간 정신전문요원 근무)

4) 지역사회 일원으로서 안정적인 생활이 가능하도록 입주 기간 제한이 없음

5) 공유공간의 운영(카페, 소규모 모임 공간)으로 주민과 자연스럽게 소통할 수 있는 기회가 생김

6) 지역내 다양한 봉사 자원(복지관, 복지협의체, 종교봉사단체 등) 연계로 지역돌봄체계 구축 가능

5. 운영방안

1) 정부(지자체)가 생활지원주택 사업과 관련된 제반 사항을 기획하고 생활지원주택 운영에 필요한 조건에 충족하는 운영주체(법인)를 선정하고 위탁한다.

2) 생활지원주택 모델과 같은 형태의 주택을 LH(GH)에서 신축하거나 기존 주택을 리모델링하여 법인에게 임대로 제공한다

3) 정부로부터 위탁받은 법인은 운영과 관련한 세부계획을 세우고 입주 정신장애인을 선정하여 1주택당 책임자로 전문가 1인을 채용하여 운영한다.

4) 정부(지자체)는 전문가에 대한 인건비와 약간의 운영비를 지원한다

5) 입주자의 부담은 의료보험으로 입원했을 때의 비용과 같거나 적게 책정하여 경제적 부담을 줄여준다

6) 운영주체는 지역 내 자원을 활용하여 주민들과 소통하고 협조를 통해 입주자의 안정적인 주거환경을 위해 노력한다.

6.기대효과

1) 생활의 도움이 필요한 정신장애인들이 안정적으로 사회에 정착하는 데 기여한다

2) 퇴원하고자 하는 정신장애인들의 주거문제가 해결됨으로써 탈원

화를 촉진 시킬 수 있다

3) 보호자들이 장애인을 돌보아야 하는 부담과 압박감으로부터 벗어 날 수 있다(보호자 자신의 생활에 집중할 수 있다.)

4) 사회적 비용을 줄일 수 있다.

5) 주민들의 참여를 높임으로써 인식개선과 사회통합에 기여할 수 있다.

6) 이 모델은 정신장애인뿐만 아니라 발달장애인 노숙인은 물론 노인 주거 문제에도 적용할 수 있어 사회통합 돌봄의 모델이 될 수 있다.

"나는 우리동네가 좋다" 수필집을 마치며

"나는 우리동네가 좋다" 라는 글을 처음 시작하였을 때 과연 이 글을 끝까지 마무리 할 수 있을까? 라는 의심부터 시작하였습니다. 이 생각은 금새 변화되기 시작하였습니다. 정신장애인 당사자, 가족, 그리고 지역사회의 다양한 사람들의 이야기들을 접하면서 지역사회에서 정신장애인과 함께 살아가는 경험을 통해 느낀 여러 감정과 깨달음을 정리해 보려 합니다. 우리가 흔히 접하는 일상 속에서, 정신장애인과의 만남이 단순한 동정을 넘어, 서로의 존재를 깊이 이해하고 존중하는 과정이라는 것을 깨달았습니다.

각 수필은 다양한 시각에서 정신장애인을 바라보며, 그들의 삶과 고통, 그리고 희망을 담고 있습니다. 이 글들을 읽다 보면, 우리는 그들이 겪는 어려움뿐만 아니라, 그들로부터 배우는 삶의 소중함을 느낄 수 있습니다. 이들의 다양한 이야기는 진정한 소통과 공감의 의미를 일깨워 주었습니다. 지역사회가 그들을 어떻게 바라보는지, 그리고 우리가 어떻게 함께 할 수 있는지를 고민하게 만드는 귀중한 기회를 제공해 주었습니다.

특히, 이 수필집에서 소개된 여러 인물들은 각기 다른 배경과 이야기를 가지고 있습니다. 그들의 목소리는 우리에게 소외된 이들이 어떻게 삶을 살아가는지를 생생한 이야기를 전달해 줍니다. 우리는 그들의 이야기를 통해 편견을 깨고, 이해의 폭을 넓히게 되었습니다. 이 과정에서 앞으로도 서로를 지지하고 이해하는 데 큰 힘이 될 수 있었습니다.

이 책을 읽는 모든 이가 정신장애인에 대한 이해와 공감을 더욱 깊이 있게 느끼기를 바랍니다. 그들과 함께하는 삶은 결코 어렵거나 부담스러운 것이 아니라, 오히려 더 풍요롭고 의미 있는 경험이 될 수 있음을 알게 되기를 바랍니다. 마지막으로, 이 수필집이 지역사회에서 정신장애인과 함께 살아가는 길에 작은 등불이 되길 소망합니다. 우리의 관심과 사랑 그리고 공감이 서로의 삶을 더욱 빛나게 할 수 있기를 바랍니다.

사회적협동조합 뿌리샘, 이룸 원장 김성교

수필집 "나는 우리동네가 좋다."준비하는 과정은 쉽지 않았다. 모든 일이 그렇듯 첫 문장 첫 글자를 쓰기까지 많은 시간이 걸렸고, 그저 평범한 내 이야기가 보는 사람들이 어떻게 보여질지를 먼저 걱정하였다. 하지만 오히려 회원들의 글을 보면서 용기가 났고, 그저 평범하고 보통의 이야기만으로도 충분하다는 생각이 들었다. 수필집을 통해서 우리가 말하고자 하는 것은 그저 우리들의 평범한 이야기를 전달하고 싶은 것이기 때문이다.

책을 준비하면서 우리는 정말 많은 사랑을 받고 있구나 생각했다. 어려운 부탁에도 불구하고, 당사자, 퇴소한 분들, 가족, 지역주민, 후원자 모두들 흔쾌히 글을 써주셨다. 어쩌면 조금 아프고 상처가 되었을 이야기이지만 책을 읽어주시는 분들이 그저 우리 주변에서 볼 수 있는 보통의 이야기로 편안하게 봐주셨으면 하는 바람이다.

수필집 "나는 우리동네가 좋다."에 함께해주신 모든 분들께 감사 드립니다.

사회적협동조합 뿌리샘, 쉐어하우스 원장 변가윤